I0161994

Enganado

Será Deus chamando Seu povo para sair dos rituais vãos e desfrutar de um relacionamento pessoal com Ele?

Kenneth March

Traduzido por
Marcos Maleval B. Silva

Copyright © 2018 por Kenneth March

Enganado - Será Deus chamando Seu povo para sair dos rituais vãos e desfrutar de um relacionamento pessoal com Ele?

por Kenneth March

Impresso nos Estados Unidos da América

ISBN 9781732102644

Todos os direitos reservados exclusivamente pelo autor. O autor garante que todo o conteúdo é original, exceto quando retirada uma citação de outro autor, o qual recebe o devido crédito por isso. Nenhuma parte deste livro pode ser reproduzida em qualquer formato sem a permissão do autor.

Salvo indicação em contrário, todas as citações bíblicas foram retiradas da *Bíblia Sagrada*, tradução Versão Nova Bíblia Viva (NBVPB). Todos os direitos reservados.

Dedicatória

Este livro é dedicado a um bilhão ou mais de católicos em todo o mundo que foram enganados e estão decepcionados com a Igreja Católica Romana.

Deus quer um relacionamento pessoal com cada um deles. Em vez disso, eles foram levados a um relacionamento vazio com uma instituição que lhes ensinou muitas coisas que estão equivocadas...coisas estas que estão em conflito com a Palavra de Deus conforme vemos na Bíblia Sagrada.

Prefácio

Uma nota aos católicos e ex-católicos por Ken March

Este livro foi escrito aos católicos e ex-católicos de todo o mundo que foram enganados e estão decepcionados com a Igreja Católica. Muitas coisas lhe foram ensinadas como verdades espirituais, mas estão em conflito direto com a Palavra de Deus, conforme vemos na Bíblia Sagrada.

Você ouviu falar de coisas que o fizeram querer distanciar-se da Igreja. Milhares de sacerdotes abusaram sexualmente, estupraram e sodomizaram crianças inocentes que lhe foram confiadas ao cuidado espiritual. Os líderes da Igreja mantiveram essas violações horríveis longe dos olhos do público através de uma elaborada cultura de sigilo, engano e intimidação, e apenas transferiam os padres culpados de uma paróquia a outra. Em seguida, há os rumores frequentes de homossexualidade desenfreada, escândalos financeiros e intriga nos mais altos níveis da Igreja.

Se você é um fiel devoto ou parou de ir à missa, mas continua a denominar-se católico, espero que este livro possa ajudá-lo a afastar-se de um relacionamento com a organização conhecida como A Igreja Católica Romana e adentrar em um relacionamento pessoal com o Deus vivo que Se revela a nós na Bíblia.

Tenho buscado respaldar tudo o que é apresentado neste livro com referências bíblicas. Algumas coisas que você lerá aqui, podem forçá-lo a reavaliar as crenças que você tem assimilado, ou pelo menos aquelas que você tenha aceitado como sendo verdadeiras, e que lhe foram ensinadas por seus pais, freiras ou padres bem-intencionados. Isso é bom; e é sempre importante verificar as nossas crenças a luz da Palavra de Deus.

Salvo disposição em contrário, todos os versículos bíblicos são da Tradução Nova Bíblia Viva (NBVPB). Usei a versão NBVPB pois ela facilita a compreensão para a língua portuguesa, mas você não precisa necessariamente usar a mesma versão. Pegue sua Bíblia, qualquer que seja a tradução e pesquise algum versículo que tiver dúvida.

As Bíblias católicas e protestantes são basicamente as mesmas e contêm as mesmas verdades, com exceção de que as Bíblias católicas incluem sete livros adicionais conhecidos como livros apócrifos que não estão nas Bíblias protestantes. Esses livros são Tobias, Judite, I Macabeus, II Macabeus, Sabedoria de Salomão, Eclesiástico e Baruc. Eles podem ser encontrados intercalados com outros livros do Antigo Testamento. Na seção sobre o Purgatório (Capítulo 3), há uma explicação de por que os protestantes não aceitam estes livros como sendo inspirados por Deus.

Este livro trata de assuntos de importância eterna, portanto, não aceite cegamente nada do que eu ou qualquer outra pessoa lhe diga que é a verdade. Você deve tomar suas próprias decisões, com conhecimento de causa.

KennethMarch@rocketmail.com

Sumário

Capítulo 1

Ensinamentos das Igrejas Protestantes e Católicas sem Base Bíblica

Pergunte a um católico, "Você é um cristão?" E normalmente, a resposta será: "Não, eu sou católico."

Na verdade, os princípios básicos da Igreja Católica e da maioria das religiões cristãs protestantes são os mesmos. Eles professam que Deus enviou seu único Filho, Jesus, para nascer de uma virgem (Maria), e viver uma vida sem pecado, e para sofrer e morrer pelos pecados do mundo. Deus fez isso para revelar a Si mesmo e Seu amor pela humanidade. Ele fez isso porque o homem pecador nunca conseguiria atingir Seu padrão de santidade, e somente o Filho de Deus sem pecado poderia pagar o preço pelos pecados da humanidade. Como resultado, a vida eterna será nossa se confiarmos que o que Jesus realizou por nós foi o pagamento integral de nossos pecados, e convidá-Lo a ser o Senhor de nossas vidas. Então você pode ser tanto católico como cristão se acreditar nessas coisas.

Infelizmente, como em qualquer entidade religiosa já estabelecida há algum tempo, e a Igreja Católica há mais tempo ainda, inevitavelmente são introduzidas certas crenças sem base bíblica. Uma vez que uma crença específica seja votada e aceita como verdade por uma entidade religiosa, a mesma torna-se uma doutrina daquela igreja, e nem mesmo a aparência física do próprio

Deus em toda Sua glória convencerá a retomar o assunto para posterior discussão.

Como o passar dos séculos essas doutrinas não-bíblicas acumularam-se e levaram a igreja cada vez para mais longe da verdade da Palavra de Deus. Esse é o caso da Igreja Católica.

Quase todas as pessoas que lerem este livro encontrarão algo que questionará uma ou mais de suas crenças de longa data. Rogo ao leitor a se esforçar para manter uma mente aberta. Muitas, se não a maioria das crenças que temos ou tivemos, vieram a nós por meio de outros seres humanos, e muitas não estão fundamentadas nas Sagradas Escrituras. Se você acredita, como eu, que a Bíblia Sagrada é a Palavra inspirada de Deus, então devemos basear nossas crenças unicamente na Palavra e não em doutrinas concebidas pelo homem ou em interpretações que não estejam claramente fundamentadas nas Escrituras. Devemos sempre nos perguntar: "Será que o que eu acredito nessa área vêm unicamente da Palavra de Deus, ou veio do homem?" Se veio do homem, devemos suspeitar, e reconhecer como não essencial à fé cristã.

Aqueles com formação teológica considerável podem ser os mais desafiados por algumas das coisas apresentadas neste livro. Eles podem ter tido professores versados, a quem muito respeitam, que lhes ensinaram coisas que aceitam como verdade sem pessoalmente confirmarem se estão fundamentadas nas Escrituras. Isso não é para sugerir que cada uma de *minhas* conclusões teológicas estejam corretas. Os crentes cheios do Espírito Santo podem diferir em suas interpretações. Ninguém tem o monopólio quanto a exegese da Palavra de Deus.

Salvo indicação em contrário, ao citar as Escrituras, todos os versículos são da Versão Nova Bíblia Viva (NBVPB), pois ela facilita em muito a compreensão.

Doutrinas das Igrejas Protestantes sem Base Bíblica

As denominações protestantes não estão isentas do acúmulo de crenças não fundamentadas nas Escrituras.

Infelizmente, muitas pessoas pensam nas várias denominações protestantes como sendo "religiões" diferentes. Nada poderia estar mais longe da verdade. A maioria das principais denominações protestantes (Metodistas, Luteranas, Presbiterianas, Pentecostais, Batistas, Adventistas do Sétimo Dia, etc.) professam as mesmas crenças cristãs básicas que a Igreja Católica. Elas são igrejas cristãs, e sua religião é o cristianismo.

Na maioria dos casos, as várias denominações separaram-se umas das outras devido a diferenças doutrinárias relativamente pequenas. Em vez de demonstrar o tipo de unidade pela qual Jesus orou em João 17, elas demonstram o contrário...uma desunião decepcionante que confundiu grande parte do mundo sobre a mensagem essencial do cristianismo.

> *Não estou (Jesus)orando somente por eles, mas também por aqueles que crerão em mim no futuro por causa do testemunho deles. Minha oração por todos eles é que sejam um, tal como eu e o Senhor somos, ó Pai. Porque assim como o Senhor está em mim e eu no Senhor,*

> *assim estejam eles em nós, <u>para que o mundo creia que o Senhor me enviou</u>. Eu dei a eles a glória que o Senhor me deu, para serem um, como nós somos um: eu neles e o Senhor em mim, <u>para que todos sejam levados à completa unidade, para que o mundo saiba que o Senhor me enviou, e compreenda que o Senhor os ama tanto quanto me ama</u>. - João 17:20-23*

Parece-me que as áreas peculiares de diferenças doutrinárias que cada denominação tem, que as distinguem de todas as principais denominações protestantes, podem ser suas áreas mais fracas da teologia. Eis alguns exemplos:

Os Luteranos do Sínodo de Missouri insistem zelosamente que o pão e o vinho na Sagrada Comunhão são o *verdadeiro* corpo e sangue de Jesus, e não tolerarão a ideia de que possam *representar* o corpo e o sangue. Eles dizem que o corpo e o sangue de Jesus estão "em, com e sob" o pão e o vinho, um conceito um tanto nebuloso que é tão difícil de articular quanto de substanciar.

Os Adventistas do Sétimo Dia insistem que o sábado é o verdadeiro dia de descanso e não o domingo. Eles podem estar tecnicamente corretos. Além disso, eles não celebram a Páscoa ou o Natal e desprezam qualquer membro que não seja vegetariano.

Alguns Batistas acreditam que beber, dançar, usar maquiagem e jogar cartas são atividades pecaminosas e impiedosas.

Os Pentecostais enfatizam a importância do dom de falar em línguas, a ponto de que qualquer um que não fale em línguas pode ser suspeito de não ter realmente o Espírito Santo neles.

E assim vai, um grupo de cristãos julga outro com base em critérios secundários que não são essenciais a salvação.

Satanás é tão astuto! Ele entende o princípio de "dividir e conquistar." E, pasmem, ele tem tido êxito em dividir a igreja de Deus na terra, muitas vezes com base em diferenças irrelevantes.

A mensagem da salvação de Deus tem sido incoerente para grande parte do mundo por causa desta disputa mesquinha entre as denominações. Em vez de reconhecer seus irmãos como membros do Corpo de Cristo, alguns nem mesmo tem comunhão com os crentes de outra denominação; talvez eles temam que sua doutrina "pura" de alguma maneira se contamine, por associação.

Algumas denominações nem sequer permitiram que o recém falecido e reverenciado Reverendo Dr. Billy Graham falasse em suas igrejas porque ele não concordava com todas as suas crenças idiossincráticas. Quão paciente é o nosso Senhor em aturar esses absurdos infantis daqueles que Ele ama!

Parece-me haver atualmente um movimento do Espírito Santo em todo o mundo que está começando a unir as várias denominações cristãs. Que testemunho tão poderoso seria do amor de Deus se todos cooperassem juntos para transmitir ao mundo, a mensagem da salvação por meio de Jesus Cristo!

Doutrinas da Igreja Católica Sem Base Bíblica

Como já mencionado, os princípios centrais da salvação da Igreja Católica pela graça somente através da fé no sacrifício redentor de Jesus Cristo permanecem intactos; no entanto, o número e a magnitude de doutrinas não-bíblicas que se acumularam ao longo dos séculos, tornaram a Igreja Católica quase que irreconhecível como uma entidade cristã que crê na Bíblia.

Maria, a Mãe de Jesus, sem pecado

A doutrina da Igreja Católica da Imaculada Conceição foi pronunciada pela primeira vez pela igreja em 1854. Esta doutrina diz que Maria foi concebida sem pecado original. Em outras palavras, ela esteve sem pecado durante toda a sua vida. Parece que esta ideia não era nem mesmo uma tradição da igreja primitiva até por volta do ano 1100 DC, e não tem base bíblica.

Maria permaneceu virgem em toda sua a Vida

Esta é outra doutrina da Igreja Católica que é difícil de defender.

> *"Como é possível isto?", exclamava o povo. "Não é ele apenas o filho do carpinteiro? Não é Maria a sua mãe e não são Tiago, José, Simão e Judas os seus irmãos? Não moram suas irmãs todas aqui? De onde ele consegue todas essas coisas?" - Mateus 13:55-56*

Os crentes devem orar aos santos

O Concílio de Trento, celebrado em três partes, de 1545 a 1563, primeiro esclareceu a doutrina da Igreja Católica de que os santos no céu oram por todos que estão vivos. Assim, é dito aos crentes que suas orações têm maior valor se forem apresentadas a Deus por Maria ou outros santos que intercedem em seu nome. A Bíblia nunca diz que os santos (crentes em Jesus Cristo que nos precederam na morte) roguem por nós, ou que nem mesmo, podem nos ouvir ou ver.

A Assunção de Maria

Em 1950 o Papa Pio XII anunciou como doutrina da Igreja Católica que, ao final da vida de Maria aqui na terra, ela foi tomada aos céus de corpo e alma. Não foi relatado se ela foi tomada viva ou morta. A maioria dos teólogos católicos supõem que ela tenha morrido primeiro.

O Papa é o Vigário de Cristo

A afirmação é que o Papa é o cabeça designado por Deus sobre a igreja cristã na terra, e que quando ele fala como vigário de Cristo, ele é infalível e todos os cristãos devem obedecê-lo. Algumas palavras de Jesus foram embelezadas e ampliadas para apoiar esta doutrina da Igreja.

O Purgatório

Declarado pela Igreja Católica como um lugar de castigo temporário onde o falecido entra para pagar pelos pecados menos graves, perdoáveis, mas que não houve arrependimento, para que seja qualificado a entrar no céu de um Deus santo. Este ensinamento provém principalmente de um dos livros apócrifos — que não são reconhecidos por cristãos não-católicos, como sendo a Palavra inspirada de Deus.

Mais tarde, discutiremos essas e outras doutrinas da Igreja Católica Romana com mais profundidade.

Capítulo 2

Se as Doutrinas da Igreja Católica e Protestante são Imperfeitas, Por Que Focar nas Deficiências da Igreja Católica?

Satanás está trabalhando em todas as nossas igrejas, tanto católicas como protestantes. Nós já discutimos como ele tem sido capaz de confundir grande parte do mundo a pensar que as várias denominações cristãs são diferentes religiões, fazendo as pessoas se perguntarem, se alguma dentre elas está correta.

Por que então este livro foca principalmente nas doutrinas da Igreja Católica sem base bíblica? Em primeiro lugar, é porque muitas doutrinas católicas servem para desviar a atenção do paroquiano para longe de Jesus Cristo, a cabeça gloriosa da igreja na terra! qualquer pessoa ou qualquer coisa que redirecione o nosso louvor, honra, culto ou orações a Deus para qualquer pessoa ou qualquer outra coisa está em grave erro e é pecado contra Deus.

Jesus é o Rei dos reis, o Senhor ou Senhores, o Cordeiro de Deus, a luz do mundo e o Unigênito de Deus. Seu nome está acima de todo nome, e a Ele foi dado todo o poder no céu e na terra.

> *Pois nasceu um menino; um filho nos foi dado. Ele recebe todo o poder, o governo de toda a terra. E ele será chamado de Maravilhoso Conselheiro, Deus Poderoso, Pai Eterno e Príncipe da Paz. - Isaías 9:6*

Olhando para Jesus em São Pedro

Tive a oportunidade de passear na Basílica de São Pedro no Vaticano, a maior igreja do mundo. É uma maravilha arquitetônica, realmente magnífica, de aproximadamente 24 000 m² contendo 44 altares, 11 cúpulas e 778 colunas. Para se ter uma perspectiva, a média da loja Wal-Mart é de cerca de 17.000 m², e está longe de ser tão alta. Uma cúpula possui 42 m de altura.

Há magníficos mármores coloridos, importados de todo o mundo, tapeçarias inestimáveis, ouro, prata e pedras preciosas. Do ponto de vista estritamente financeiro, pensa-se que custaria muitos bilhões de dólares se alguém tentasse replicar a basílica de São Pedro, não incluindo as muitas obras de arte de renomados mestres.

Uma dessas peças é Piedade de Michelangelo, uma bela obra de arte em mármore branco representando o corpo sem vida do nosso Senhor deitado nos braços de Maria, sua mãe.

A Piedade

Enquanto perambulava por essa enorme catedral com 395 estátuas em homenagem aos papas, reis e santos, ocorreu-me que para toda a opulência e magnificência não havia praticamente nada que glorificasse o Rei dos Reis e Senhor dos Senhores! Havia muitas imagens do Menino Jesus nos braços de Maria, e pequenas imagens de Jesus na cruz, mas eu vi apenas uma grande estátua de Jesus. Ele está sentado, rodeado de estátuas de São Paulo, São Pedro, e um papa. Enquanto estava parado ali pensei, "O Filho de Deus não pôde nem mesmo pode ter uma grande estátua própria. Ele teve que compartilhar o espaço com um monte de mortos." Opa! Melhor dizendo: "santos falecidos."

Pode-se pensar que, se é assim que um papa do século XVII é homenageado na Basílica de São Pedro, os memoriais de Jesus Cristo deveriam ser muito mais fabulosos.

Além disso vi uma estátua de Jesus na colunata exterior. Se olhar atentamente, você pode localizá-lo na foto abaixo em cima do edifício, segundo da esquerda, segurando uma cruz. Ele está entre 139 outras estátuas de santos falecidos.

Eu tenho dificuldades em expressar a profunda decepção e ressentimento que senti ao sair deste magnífico edifício em que nenhuma tentativa foi feita para dar a Jesus Cristo, o Salvador do Mundo, a honra e glória que Lhe são devidas.

> *Contudo, foi por causa disso que Deus o elevou até a mais alta posição e lhe deu um nome que está acima de qualquer outro nome, para que ao nome de Jesus todo joelho se dobre no céu, na terra, e debaixo da terra, 11e toda língua confesse que Jesus Cristo é o Senhor, para a glória de Deus o Pai.- Filipenses 2:9-11*

A título de comparação, abaixo está uma foto da estátua do Cristo Redentor com aproximadamente 709 metros acima do nível do mar, na cidade do Rio de Janeiro, no Brasil. O dinheiro para construí-lo veio da comunidade católica do Brasil. Trabalho bem feito!

Ele é a semelhança perfeita do Deus invisível. Ele já existia antes de Deus criar qualquer coisa, pois nele foram criadas todas as coisas no céu e na terra, as coisas que podemos ver e as que não podemos; o mundo espiritual com seus tronos e reinos, seus governantes e suas autoridades: todas as coisas foram criadas por ele e para ele. Ele existia antes que tudo o mais começasse e é o seu poder que sustém todas as coisas. 18Ele é a cabeça do corpo que é a igreja; ele é o princípio e o primeiro a levantar dentre os mortos, de modo que ele é primeiro em tudo. - Colossenses 1:15-18

Enganado - Será Deus chamando Seu povo para sair dos rituais vãos e desfrutar de um relacionamento pessoal com Ele?

Veneração à Maria

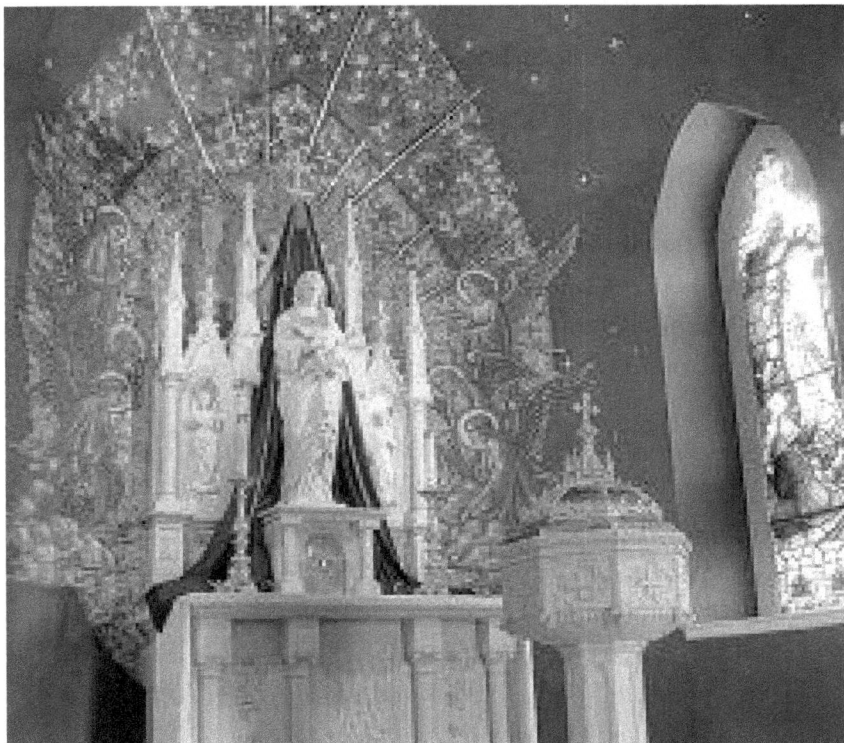

Um altar a Maria

Temos um inimigo que busca a nossa destruição. Ele é muito real e incrivelmente astuto e enganador. Satanás trabalha dia e noite para tirar as pessoas de um relacionamento íntimo e exclusivo que Deus quer ter com elas. Acho que ele viu em Maria alguém de quem ninguém podia falar mal e aproveitou a oportunidade. A Bíblia nos adverte sobre ele.

Estejam alertas e vigilantes porque o inimigo de vocês, o diabo, ronda em volta, como um leão faminto, que

> *ruge à procura de alguma vítima para devorar. - 1 Pedro 5:8*

> *A intenção do ladrão (Satanás) é só roubar, matar e destruir. Eu vim (Jesus) para que tenham vida, e vida completa. - João 10:10*

Maria foi escolhida por Deus para ser a mãe terrena do Salvador do Mundo. O anjo Gabriel a chamou bem-aventurada, e assim ela foi, escolhida para apoiar e ajudar a criar o Filho de Deus que deixou a divindade de lado, a fim de tomar a forma humana.

> *"Mas o anjo lhe disse: "Não tenha medo, Maria; porque Deus resolveu abençoá-la maravilhosamente! Muito em breve você ficará grávida, dará à luz um menino, e lhe dará o nome de 'Jesus'. Ele será muito importante, e será chamado de Filho do Deus Altíssimo, e o Senhor Deus lhe dará o trono do seu antepassado Davi; e ele reinará sobre o povo de Jacó para sempre; e o seu Reino nunca acabará!"- Lucas 1:30-33*

Eu gosto de algo que ouvi certa vez...que Deus provavelmente escolheu Maria para que maior honra porque, "ela estava disposta." Quantas adolescentes estariam dispostas a suportar injustamente as fofocas, os escárnios e a condenação de seus familiares, amigos e vizinhos? Maria estava mesmo disposta a enfrentar a pena de morte em uma sociedade que não aceitava de maneira alguma, uma adolescente solteira, grávida. Para sua honra eterna, a resposta de Maria ao anjo foi...

"Eu sou a serva do Senhor, e estou pronta a fazer tudo quanto for necessário." - Lucas 1:38

Maria também deve ter tido outras qualidades pessoais maravilhosas que a tornara a escolha de Deus para cuidar de seu único Filho. Mas vamos esclarecer. Maria não é a mãe de Deus! Deus existe desde a eternidade; Maria era um ser humano. Em um verso que profetiza a respeito do nascimento de Jesus, lemos...

Ó Belém Efrata, você é apenas uma pequena vila da Judeia, mas será o lugar onde vai nascer o rei de Israel. Ele será descendente de uma família que vem de um passado distante, de tempos antigos! - Miquéias 5:2

Mesmo Jesus foi confrontado com pessoas que queriam venerar sua mãe. Ele redirecionou a atenção de uma mulher para onde deveria ser, para Deus.

> *Enquanto Jesus estava falando, certa mulher da multidão gritou: "Bendita seja a mulher que o deu à luz e o amamentou." Ele respondeu: "Sim, mas ainda mais abençoados são todos aqueles que ouvem a Palavra de Deus e a põem em prática" - Lucas 11:27-28*

Para ter certeza, não estou dizendo nada negativo sobre Maria. Todos nós sabemos como os filhos defendem as suas mães, e eu certamente nunca iria querer 'provocar' Jesus (por assim dizer).

Outro altar a Maria

Veneração dos Santos

A Bíblia usa o termo "santo" para se referir a qualquer pessoa que aceitou a Jesus como seu Senhor e Salvador e está, portanto, a caminho do céu, ou já chegou lá.

A Igreja Católica se refere a algo completamente diferente quando fala de "santos." Ela usa o termo para significar as pessoas a quem ela designou como "santos." Há critérios estritos para a santidade conforme estabelecidas pela Igreja Católica. Um desses critérios é que a pessoa realizou três milagres verificáveis. Deixe-me parar ali!

Eu acredito que cada milagre verificável foi feito exclusivamente pelo poder de Deus, e, geralmente, invocando o nome de Jesus Cristo. Eu e inúmeros outros cristãos têm colocado as mãos sobre os enfermos, orado em nome de Jesus, e testemunhado curas milagrosas, mas eu nunca curei ninguém! Nem creio que qualquer outro ser humano o tenha feito.

No livro de Atos, capítulo 3, lemos sobre um milagre envolvendo São Pedro. As pessoas imediatamente presumem-se que Pedro tinha realizado o milagre, porém mais tarde, ele explica que não foi ele quem fez isso, mas Deus.

> *Mas Pedro disse: "Não tenho prata nem ouro para você, mas eu vou dar uma outra coisa que eu tenho! <u>Em nome de Jesus Cristo</u> de Nazaré, eu digo: Ande! Com isso Pedro tomou o coxo pela mão e o ajudou a levantar-se. Ao fazer isso, os pés e os tornozelos do homem foram curados e ficaram tão fortes 8que ele se levantou de um pulo e começou a caminhar! Então,*

> *caminhando, pulando e louvando a Deus, entrou no pátio do templo com eles. - Atos 3:6-8*

Nas palavras de Pedro você pode ouvir a sua total confiança de que Deus estava disposto, e que, curaria em nome de Jesus. Foi Deus quem fez a cura, não Pedro. Pedro diz o seguinte...

> *Quando os que estavam lá dentro viram o homem andando e louvando a Deus, reconheceram que ele era o mendigo coxo que haviam visto tantas vezes na porta do templo chamada Formosa; ficaram surpresos e admirados com o que tinha acontecido! Todos correram para o Alpendre de Salomão, Ou "Pórtico de Salomão "onde o coxo estava com Pedro e João, e não se separava deles! Todo mundo ali ficou maravilhado. Pedro então dirigiu-se à multidão: "Israelitas", disse ele, "que existe de tão admirável nisto? E por que estão olhando para nós, como se pelo nosso próprio poder ou virtude tivéssemos feito este homem andar? Porque é o Deus de Abraão, de Isaque e Jacó, e de todos os antepassados de vocês, quem glorificou o seu servo Jesus, - Atos 3: 9-13*

Deus faz milagres. As pessoas não fazem, e isso inclui as pessoas que a Igreja Católica designou como "santos."

Podemos chamar o Paulo da Bíblia de São Paulo, porque ele lutou o bom combate e foi estar com o Senhor, confiando na salvação que Jesus conquistou para ele por sua morte na cruz. Não porque a Igreja Católica oficialmente o decretou como "santo."

Como mencionado anteriormente, a doutrina da Igreja Católica sustenta que santos no céu oram por aqueles que estão vivendo, e os crentes são informados de que suas orações têm maior valor se são apresentadas a Deus por Maria ou outros santos intercedendo em seu favor.

Eu gostaria de ter sido uma mosca na parede a primeira vez que a sugestão foi feita de que as pessoas devem orar aos santos mortos! Eu me pergunto qual foi a primeira reação aquela proposta.

Não há nada na Bíblia que nos diz que as pessoas que morreram podem ver ou ouvir qualquer coisa que aconteça aqui na terra. Não há certamente nada que sugira que devemos orar a eles e muitas partes das Escrituras deixam claro que não deveríamos.

Não há nenhuma maneira gentil de dizer isto...uma igreja que transforma os corações e mentes de Deus para alguém ou alguma coisa além de Deus está defendendo a **adoração de ídolos**. Esta é uma flagrante violação do primeiro mandamento.

> *"Não creia nem adore outros deuses, além de mim. "Não faça ídolos. Não ofereça cultos a imagens de qualquer coisa em cima no céu, na terra ou nas águas debaixo da terra. Não adore nem se prostre diante de nenhuma imagem, pois eu sou o Senhor, seu Deus. Sou Deus zeloso e castigo filhos pelos pecados dos pais até a terceira e quarta geração daqueles que me odeiam"- Êxodo 20:3-5.*

Deus nos diz muitas vezes nas Escrituras que Ele é um Deus zeloso.

> *"No dia em que o Senhor, o Deus de vocês, falou do meio do fogo em Horebe, vocês não viram forma alguma. <u>Portanto, tenham todo o cuidado para não se corromperem fazendo algum ídolo, alguma imagem de qualquer tipo, seja em forma semelhante a homem ou mulher,</u> ou semelhante a qualquer animal da terra, ou a qualquer ave que voa pelos céus, ou a qualquer criatura que rasteja na terra, ou a algum peixe que vive nas águas. E quando olharem para os céus e virem o sol, a lua, as estrelas e todos os corpos celestes, não sejam seduzidos a inclinar-se e adorar o que o Senhor, o seu Deus, repartiu a todos os povos que vivem debaixo do céu." - Deuteronômio 4: 15-19*

Apesar de muitas advertências de Deus, a prática da adoração de ídolos pelos israelitas resultou na destruição da nação e a dispersão do povo judeu para muitas nações onde foram impiedosamente perseguidos por muitos séculos, assim como Deus havia advertido que seria. Historicamente sabemos isso como a Diáspora, que começou em 70 AD, quando os romanos começaram a expulsar os judeus de sua terra natal, onde viveu por mais de um milênio. Não foi até 1948 que os judeus começaram a retornar a Israel. Deus havia prometido um dia trazê-los de volta para a terra que lhes tinha dado.

Quem você vai honrar com suas orações e adoração? O criador ou a criatura?

Nosso Mediador, nosso Advogado, é Jesus e só Jesus!
Não é Maria, não é um padre, não é um "santo", e não é o

Papa. Jesus nos disse que devemos orar a Deus o Pai, em seu nome.

> *"Mas você, quando orar, vá para o seu quarto, feche a porta atrás de você, e ore ao seu Pai que está em secreto; e seu Pai, que conhece os seus segredos, recompensará você." - Mateus 6:6*

Parece haver alguma confusão sobre este ponto. Se você procurar todos os versículos bíblicos relevantes sobre o assunto, você vai descobrir como eu que estamos sempre direcionados a orar a Deus Pai.

Eu admito que fiquei surpreso ao descobrir que em nenhum lugar nas Escrituras nos é dito para orar a Jesus ou ao Espírito Santo. No entanto, desde que a Bíblia não fala a esse respeito, eu não diria que é errado orar a Jesus ou ao Espírito Santo, afinal de contas, eles são parte da Santíssima Trindade afinal, eles são um com o Deus Pai. Mas certamente *não* devemos orar a ninguém, senão Deus!

Jesus disse ...

> *"Naquele tempo não terão necessidade de me perguntar mais nada. <u>Se pedirem algo ao Pai, ele dará a vocês tudo o que pedirem em meu nome</u>. Até agora vocês não pediram nada em meu nome. Peçam e receberão, para que a alegria de vocês seja completa. "Eu tenho falado por meio de ilustrações; chegará o momento em que isso não será mais necessário, e eu falarei claramente a respeito do Pai. Então vocês*

devem pedir em meu nome, e eu não precisarei pedir ao Pai que conceda esses pedidos, pois o próprio Pai ama a vocês, porque vocês me amaram e creram que eu vim do Pai." - João 16: 23-27.

A seguir, o Diabo levou Jesus a um monte muito alto e mostrou-lhe as nações do mundo e toda a glória delas. "Eu lhe darei tudo isso", disse ele, "se você ajoelhar-se e me adorar." "Saia daqui, Satanás", disse-lhe Jesus. <u>"As Escrituras ordenam: 'Adore somente o Senhor, o seu Deus. Sirva somente a ele'.</u>" - Mateus 4: 8-10

St. Francis of Assisi   St. Dominic   St. Elijah

Enganado - Será Deus chamando Seu povo para sair dos rituais vãos e desfrutar de um relacionamento pessoal com Ele?

St. Peter Fourier

St. Peter of Alcantara

St. Camillus de Lellis

St. Lucy Fillipinni

St. Louis de Montfort

St. Anthony Zaccaria

St. Ignatius Loyola

St. Francis of Paola

St. John Bosco

Enganado - Será Deus chamando Seu povo para sair dos rituais vãos e desfrutar de um relacionamento pessoal com Ele?

St John de la Salle

St John Eudes

St Madeleine Barat

St Philip Neri

St Vincent de Paul

St Teresa of Jesus

St William

St Angela Merici

St Paul of the Cross

Enganado - Será Deus chamando Seu povo para sair dos rituais vãos e desfrutar de um relacionamento pessoal com Ele?

St. Jerome Emiliani

St. Cajetan Thiene

St. John of God

St. Peter Nolasco

St. Frances of Rome

St. Alphonsus of Liguori

St Francis Caracciolo

St. Francis de Sales

St Benedict

38

Enganado - Será Deus chamando Seu povo para sair dos rituais vãos e desfrutar de um relacionamento pessoal com Ele?

St. Bonfilius Monaldi

St Norbert

St Juliana Falconieri

St Bruno

St. Joseph Calasanctius

St Joan Thouret

St Frances Cabrini

St Mary Pelletier

St Louis Marillac

Veneração de lugares e coisas

Uma relíquia, como um pedaço da cruz que Jesus foi crucificado, não tem valor espiritual ou poder algum. Honrar tal relíquia beijando-a de forma reverente com a ideia de que de alguma maneira tem o poder de abençoar você é desonrar Deus.

Tenho testemunhado católicos beijar relíquias, ajoelhar e fazer o sinal da cruz antes de estátuas, ritualisticamente acendendo velas, ajoelhado diante do papa e beijar seu anel, supersticiosamente esfregando os pés de um estátua do Apóstolo Pedro, e até mesmo beijar os degraus e a porta de um lugar que consideram "santo." Essas afeições deslocadas devem certamente ofender nosso Deus. Como alguém pode alegar ignorância quando a Palavra de Deus é tão clara sobre o assunto?

Tem sido dito que todos fomos criados com um buraco do tamanho de Deus em nossos corações que só ele pode preencher. Eu acredito nisso, mas não literalmente, claro. Deus quer preencher esse vazio; ele não quer que tentemos preenchê-lo com a veneração de pessoas, lugares e coisas, e ele nem aprova líderes da igreja que levam as pessoas a se concentrar sobre essas coisas, em vez de sobre ele.

Enganado - Será Deus chamando Seu povo para sair dos rituais vãos e desfrutar de um relacionamento pessoal com Ele?

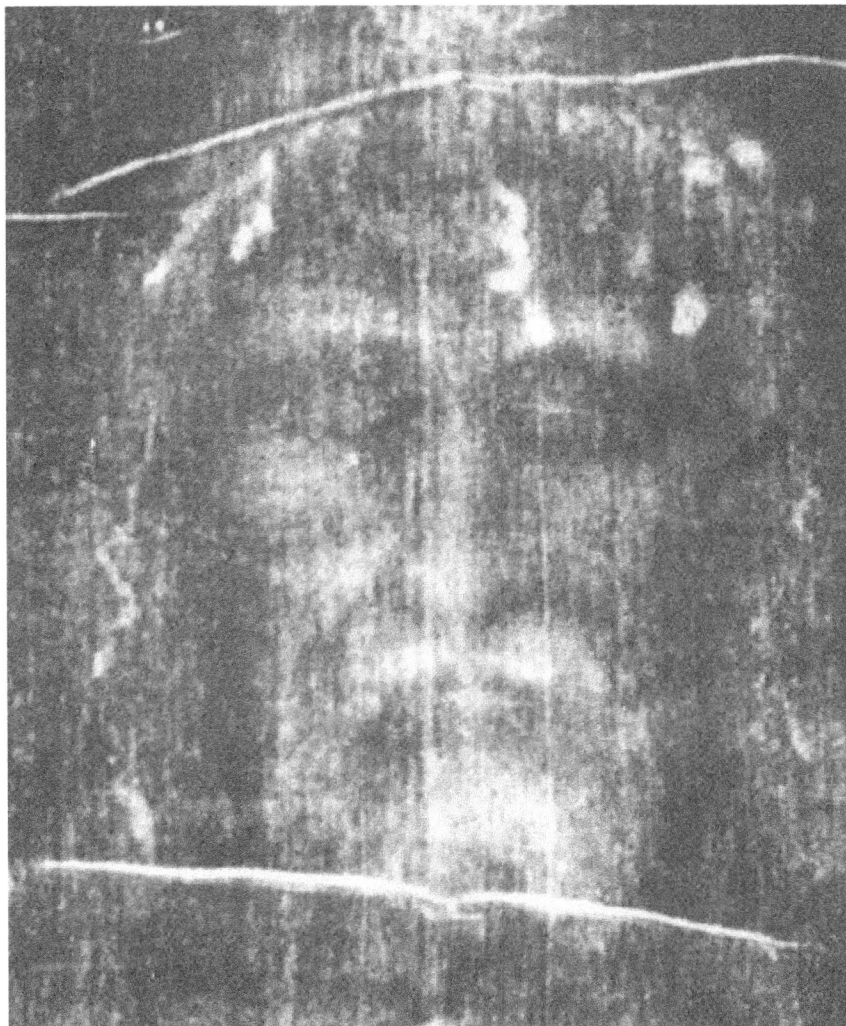

O Sudário de Turim

Enganado - Será Deus chamando Seu povo para sair dos rituais vãos e desfrutar de um relacionamento pessoal com Ele?

Pessoas supersticiosamente esfregando os pés de uma estátua de São Pedro

Capítulo 3

Desvio dos fiéis da Igreja

A Supremacia da Igreja

Cerca de 1,2 bilhões de almas preciosas se identificam como católicos. Alguns são os fiéis que continuam a buscar a Deus dentro da Igreja Católica.

Depois, há aqueles que podem ter frequentado a escola católica e/ou foram à missa uma única vez, mas pararam de ir porque a Igreja não parecia relevante para eles e suas vidas diárias.

É claro que muitos dos 1,2 bilhão nunca frequentou a missa regularmente, eles não vão à confissão, e não oram ou leem a Bíblia, exceto em raras ocasiões. O Catolicismo pode ter sido a fé de sua mãe e seu pai e de suas mães e pais, talvez por gerações, mas eles não são católicos praticantes.

Em todo o mundo a percentagem daqueles que frequentam regularmente a missa, mesmo em países predominantemente católicos, está caindo drasticamente.

O objetivo principal da Igreja Católica é e sempre foi de atrair as pessoas a um relacionamento com a Igreja, ao invés de um relacionamento pessoal com Deus. Durante séculos, a Igreja Católica imbuindo-se com a pompa de autoridade e poder que mantinham a populosa admiração e aceitação de que a autoridade da Igreja havia sido dada por Deus.

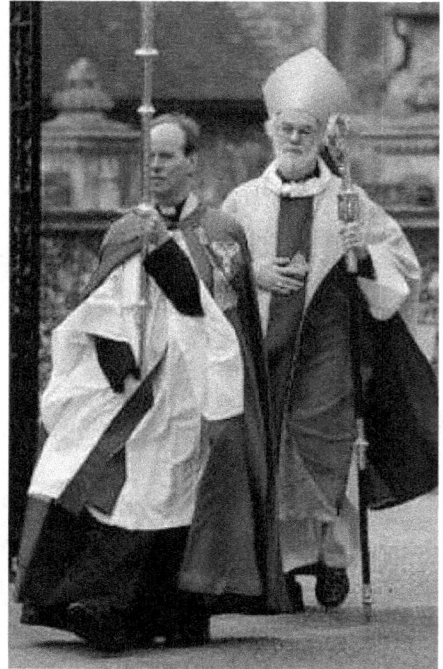

Estamos naturalmente intimidados por armadilhas de poder e autoridade

Uma tática que ajuda a Igreja a manter uma aura de legitimidade é manter as pessoas intelectualmente e espiritualmente intimidadas. Há um léxico Católico com cerca de dois mil termos direta ou indiretamente lidam com o catolicismo, adoração, costumes, história, direito canônico e espiritualidade. Se você é um católico, você pode se perguntar: "Se eu nem sequer entender o vocabulário da Igreja, quem sou eu para questionar as ações, diretrizes e pronunciamentos de padres, bispos, arcebispos, cardeais e o próprio papa?"

"Estes homens usam vestes ultraclaros, estolas, cruzes e chapéus pontudos. Eles carregam equipes douradas com cruzes de ouro em cima. Certamente eles devem saber muito mais do que eu sobre assuntos espirituais."

Tradicionalmente as missas eram conduzidas em latim, de modo que o leigo (não clero) tinha pouca ideia do que estava sendo dito. Tudo parecia bastante misterioso e espiritual. Não foi até 29 de novembro de 1964 que a primeira missa foi oferecida em Inglês nos Estados Unidos...misturado com um pouco de latim. Para ajudar com o período de tempo, isso coincidiu com a invasão dos Estados Unidos pelos Beatles (não são uma praga de insetos da Bíblia).

Quando se trata de ler a Bíblia, a Igreja Católica não tem católicos ativamente encorajados a ler e estudar a Palavra de Deus. Na verdade, eu acho que é justo dizer que a maioria dos clérigos católicos estão mais familiarizados com as doutrinas, pronunciamentos e as posições da Igreja Católica do que com as Escrituras.

Então, se você é aquele que lê a Bíblia e sabe o que realmente diz, você pode muito bem saber mais sobre quem é Deus e como ele é que aqueles homens em vestes pomposas, com chapéus pontudos, carregando bastões dourados.

Por séculos, os líderes da Igreja da época, ou não estavam bem informados sobre o que a Bíblia diz, ou perceberam que ninguém iria realmente ler a Bíblia porque ela estava apenas em latim e que não havia planos para traduzi-la para a língua do povo. Além disso, a imprensa ainda não havia sido inventada, por isso ninguém poderia ir à livraria local e pegar uma cópia da Bíblia. Isso teria causado todos os tipos de problemas. Ela teria aberto a porta para os paroquianos desafiar as coisas que a Igreja estava dizendo a eles.

A Palavra de Deus incentiva nosso estudo pessoal das Escrituras. É a partir de sua Palavra que a fé cresce; a Bíblia diz que a fé vem pelo ouvir (e ler) a palavra de Deus. É através da sua palavra que o Espírito Santo comunica vontade e pensamentos de Deus para nós e muda nossos corações e a direção de nossas vidas. Isto é conhecido como o processo de santificação. Deus nos abençoa através de sua Palavra, porque, à medida que começamos a conformar nossas vidas e nossos pensamentos aos Dele, Ele é livre para derramar suas bênçãos sobre nós.

> *Toda a Escritura é inspirada por Deus e é útil para nos ensinar o que é verdade e para nos fazer compreender o que está errado em nossas vidas. Ele nos corrige quando estamos errados e nos ensina a fazer o que é certo. Deus usa para preparar e equipar o seu povo para fazer toda boa obra. - 2 Timóteo 3: 16-17.*

> *Porque a palavra de Deus é viva e poderosa. É mais preciso do que a espada mais afiada de dois gumes, cortando entre alma e espírito, entre o conjunto e medula. Ela expõe os nossos pensamentos e desejos mais íntimos. - Hebreus 4:12*

O Deus vivo quer que o relacionamento pessoal que ele pretendia ter com a gente desde o início. Ele quer que nós para aprender sobre ele a partir de sua Palavra, a Bíblia, e para falar com ele em oração. Ele quer ir para o seu trono como uma criança vai para seu pai amoroso e fazer nossos pedidos conhecidos por ele.

Em seu livro Jesus chamou - ele quer que sua Igreja Back, autor best-seller e pastor Rev. Ray Johnston diz,

"...a coisa mais surpreendente Jesus disse foi seu impressionante convite de três palavras para todas as pessoas em todos os momentos, 'Vinde a mim' (Mateus 11:28). Note que ele não disse, 'Venha à religião', 'Venha para rituais e regras ' 'Venha para o catecismo', 'Vinde a confirmação," Venha liturgia.' Todas essas coisas podem ficar bem e bom, mas eles não são a coisa principal. A principal coisa é esta: 'Vinde a mim.' convite principal de Jesus é uma relação! Quando perdemos isso, vamos acabar atravessando os movimentos e perder a relação vital que é o coração da fé cristã."

O Papa

Para a prossecução do fim da Igreja a ser visto como representantes escolhidos de Deus na Terra, foi alegado que a autoridade como chefe da Igreja foi dada por Deus para Pedro, um dos apóstolos, e que Pedro passada que a autoridade para a próxima chefe da Igreja, e que tem sido passado sucessivamente de um homem para a próxima desde então. Estes homens ficaram conhecido como papas.

St. Pedro morreu em Roma, e desde então o Bispo de Roma tem sido o Papa. Quando um papa morre, cardeais eleger seu sucessor. Houve 266 papas até agora. Os leigos é acreditar que cada um desses homens foi autorizado por Deus para falar em seu nome e a mão para baixo decretos que eram muitas vezes em conflito com a Palavra inspirada de Deus como encontrado em Sagradas

Escrituras.

Desde 1200, a Igreja tem chamado este homem o Vigário de Cristo, ou seja, o representante de Cristo na terra. Eles declararam que seus pronunciamentos espirituais são infalíveis e deve ser obedecida por todos os crentes que desejam estar bem com Deus.

As Escrituras citado como evidência de que Jesus apontou Pedro para ser o cabeça da igreja cristã são altamente questionáveis. Para tirar essa conclusão, e, ainda, para então concluir que Pedro passou essa autoridade para baixo, exige que os textos sejam torturantemente esticados além de credulidade. É por isso que não há uma única denominação protestante que acredita que Jesus concedeu essa autoridade sobre Pedro. Se o fato, a maioria das palavras específicas na disputa provavelmente não foram dirigidas a Pedro sozinho, mas a todos os discípulos de Jesus que estavam presentes.

O próprio Jesus, não Pedro é o fundamento da sua igreja.
Pedro reconheceu este fato...

> *Cheguem-se a Cristo, que é a pedra viva; embora os homens o tenham rejeitado, ele é muito precioso para Deus, que o escolheu acima de todos os outros. - 1 Pedro 2:4*

Muitas outras Escrituras deixam claro que a fundação da igreja cristã é Jesus Cristo. São Paulo escreve:

> *Deus, em sua graça, ensinou-me a ser um construtor sábio. Eu assentei o alicerce e outro construiu sobre*

> *ele. Entretanto, aquele que constrói sobre o alicerce precisa tomar muito cuidado como constrói. 11Porque ninguém pode colocar qualquer <u>outro alicerce além do que já está posto, que é Jesus Cristo</u>. - 1 Coríntios 3:10-11*

Há uma bela antigo hino, intitulado One Foundation da Igreja. A primeira estrofe diz assim:

> Uma fundação da Igreja é
> Jesus Cristo seu Senhor,
> ela é sua nova criação
> por água e da Palavra.
> Do céu Ele veio e pediu-a
> Para ser sua santa noiva;
> Com seu próprio sangue Ele a
> comprou e para sua vida Ele
> morreu.

Católicos abordar rotineiramente este homem como Santo Padre, ainda que Jesus disse ...

> *"Não se dirijam a ninguém aqui na terra chamando-o de 'Pai', porque vocês só têm um Pai, que está nos céus." - Mateus 23:9*

*Enganado - Será Deus chamando Seu povo para sair dos rituais vãos e
desfrutar de um relacionamento pessoal com Ele?*

Um papa que está sendo realizado em uma cadeira gestatória

Um pouco sobre Pedro

Pedro era um seguidor de bom coração, sincero e impetuoso de Jesus. Ele, junto com Tiago e João são os discípulos mais frequentemente mencionados como estar com Jesus em várias ocasiões. Mas, como todos nós, Pedro teve suas fraquezas. Foi logo após a confissão maravilhosa de fé de Pedro (que Jesus era o Messias e Filho de Deus), que Jesus teve de repreendê-lo. Jesus tinha acabado explicou que era necessário que ele fosse a Jerusalém e que ele seria julgado e condenado à morte...mas que ele iria ressuscitar três dias depois. Impetuoso Pedro teve problema com este plano e disse que sim.

> *Mas Pedro levou Jesus para um lado para censurá-lo, dizendo: "Que Deus não permita isso, Senhor", disse*

52

> *ele. "Isso não lhe acontecerá!"23Jesus voltou-se para Pedro e disse: "Afaste-se de mim, Satanás! Você é uma armadilha perigosa para mim. Você está pensando apenas do ponto de vista humano, e não do ponto de vista de Deus." - Mateus 16: 22-23*

Chamando Pedro Satanás, Jesus estava simplesmente dizendo a Pedro que Satanás estava usando-o para tentá-lo a contornar o objetivo final para o qual ele tinha nascido...para morrer pelos pecados do mundo. Lembre-se, mesmo que Jesus era o Filho de Deus, ele tinha reservado sua divindade e tomou a forma de um ser humano (Filipenses 2: 6-8). Ele não precisava de Pedro ou qualquer outra pessoa tentar apertar sua determinação.

Pedro era casado. Ele tinha uma sogra.

> *Quando Jesus chegou à casa de Pedro, a sogra de Pedro estava de cama com febre. 15Mas quando Jesus pegou na mão dela, a febre passou, ela se levantou e começou a servi-los! - Mateus 8: 14-15*

E Paulo escreveu:

> *Não temos o direito de trazer uma mulher cristã com nós como os outros apóstolos e irmão do Senhor fazer, e_como Pedro faz? - 1 Co 9:5*

Pedro é o discípulo que andou sobre a água. Ele e os outros discípulos viram Jesus andando sobre as águas no Mar da Galileia uma noite tempestuosa. Quando ele se aproximou seu barco Pedro disse: "Se é você, Senhor, manda-me ir ter contigo sobre as águas." Jesus disse: "Vem."

Pedro saiu do barco e começou a andar em direção a Jesus. Quando ele viu o vento forte e as ondas, ele estava apavorado e começou a afundar. Ele gritou,

> *"No mesmo instante Jesus estendeu-lhe a mão e o segurou. "Ó homem de pequena fé, por que você duvidou?", disse Jesus." - Mateus 14:31*

Enquanto Jesus aparentemente não entendia as dúvidas de Pedro, acho que todos podemos concordar que ele exibiu mais fé do que nós provavelmente poderíamos reunir sob as circunstâncias. Para meu conhecimento, ele é o único humano que realmente andou sobre a água, embora por um tempo muito curto. Isto fala volumes de sua fé em Jesus.

Orar o Rosário

A Igreja Católica defende fortemente a orar o Rosário. Você pode ter visto adesivos para carros como eu, provavelmente exibida pelos católicos devotos, que dizem: "Rezem o terço."

Orar o Rosário consiste em repetir ritualisticamente uma prescritos palavras série, confissões e orações. Credo dos Apóstolos (que não foi escrito por qualquer dos Apóstolos), a Oração do Senhor, chamado "Nossos pais, glória Bes e Ave-Marias. Para aqueles que não estão familiarizados com o jargão da Igreja Católica, aqui estão as palavras de um Glória e uma Ave-Maria:

Glória: "Glória ao Pai e ao Filho e ao Espírito Santo, como era no princípio, é agora, e sempre será, mundo sem fim. Amém."

Ave Maria: "Ave Maria, cheia de graça, o Senhor é convosco;. Abençoado és tu entre as mulheres e bendito és o fruto do vosso ventre, Jesus Santa Maria, Mãe de Deus, rogai por nós pecadores, agora e na hora de nossa morte. Amém."

Hoje rosários tem 59 contas. Existem 6 grandes contas que exigem repetindo a oração do Senhor (Pai Nosso) 6 vezes. Há 53 contas que exigem repetindo a oração a Maria 53 vezes (de Ave Maria). Estes são, além de dizer o Credo Apostólico e a Glória orações.

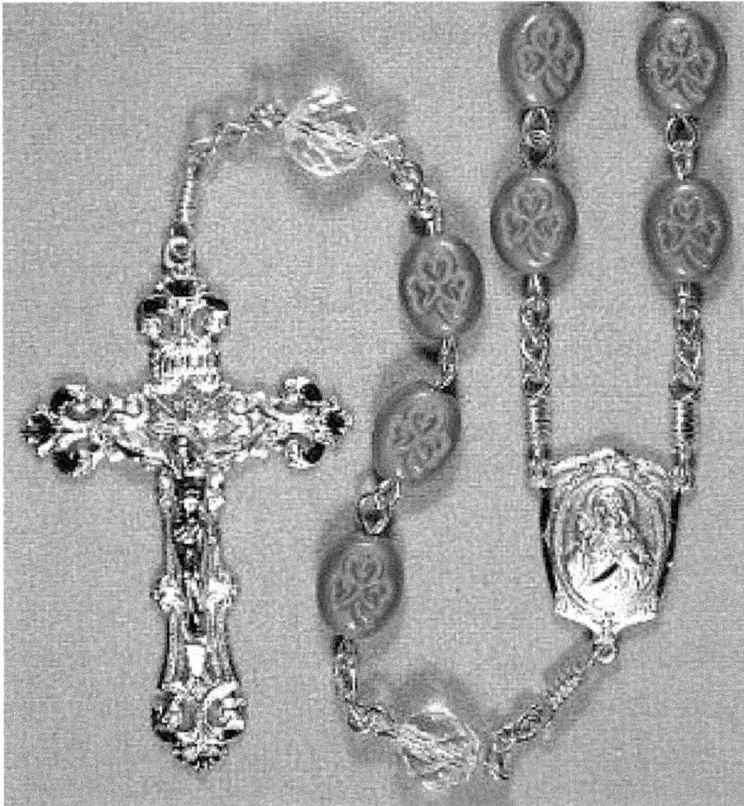

Enganado - Será Deus chamando Seu povo para sair dos rituais vãos e desfrutar de um relacionamento pessoal com Ele?

A Rosário

Eu corri através de um artigo na internet que detalha como é a orar o rosário. Pode ser encontrada em:www.dummies.com/religion/christianity/catholicism/how-to-pray- a-rosário / Ele é reproduzido abaixo na íntegra (em itálico).

COMO orar o Rosário

contas de rosário ajudar os católicos a contar suas orações. Mais importante, os católicos rezem o rosário como um meio de súplica para pedir a Deus um favor especial, como ajudar um ente querido recuperar de uma doença, ou para agradecer a Deus pelas bênçãos recebidas - um novo bebê, um novo emprego, uma lua nova .

1. *No crucifixo, fazer o sinal da cruz e depois orar o Credo dos Apóstolos.*

   Creio em Deus, Pai todo-poderoso, Criador do Céu e da Terra; e em Jesus Cristo, seu único Filho, Nosso Senhor, que foi concebido pelo Espírito Santo, nasceu da Virgem Maria, padeceu sob Pôncio Pilatos, foi crucificado; morreu, e foi sepultado. Ele desceu ao inferno; ao terceiro dia Ele ressuscitou dos mortos; Ele subiu ao céu, está assentado à destra de Deus, o Pai Todo-Poderoso; a partir daí ele deve vir para julgar os vivos e os mortos. Creio no Espírito Santo, na Santa Igreja Católica, na comunhão dos santos, na remissão dos pecados, na ressurreição do corpo e na vida eterna. Um homem.

2. *Na próxima conta grande, dizer o Pai Nosso.*

   Pai nosso, que estás nos céus, santificado seja o teu nome; Venha o teu reino; A tua vontade, assim na terra como no céu. O pão nosso de cada dia nos daí hoje; e perdoa-nos as nossas ofensas assim como nós perdoamos aos que nos ofenderam; e não nos deixeis cair em tentação, mas livrai-nos do mal, amém.

Nos seguintes três contas pequenas, orar três Ave-Marias. Ave Maria cheia de graça. O Senhor é contigo. Bendita és tu entre as mulheres e bendito é o fruto do vosso ventre, Jesus. piedosos Maria, Mãe de Deus, rogai por nós pecadores, agora e na hora de nossa morte. Um homem.

3.   *Na cadeia, orar o Glória.*

Glória ao Pai, ao Filho e ao Espírito Santo, como era, é agora, e sempre será, mundo sem fim. Um homem.

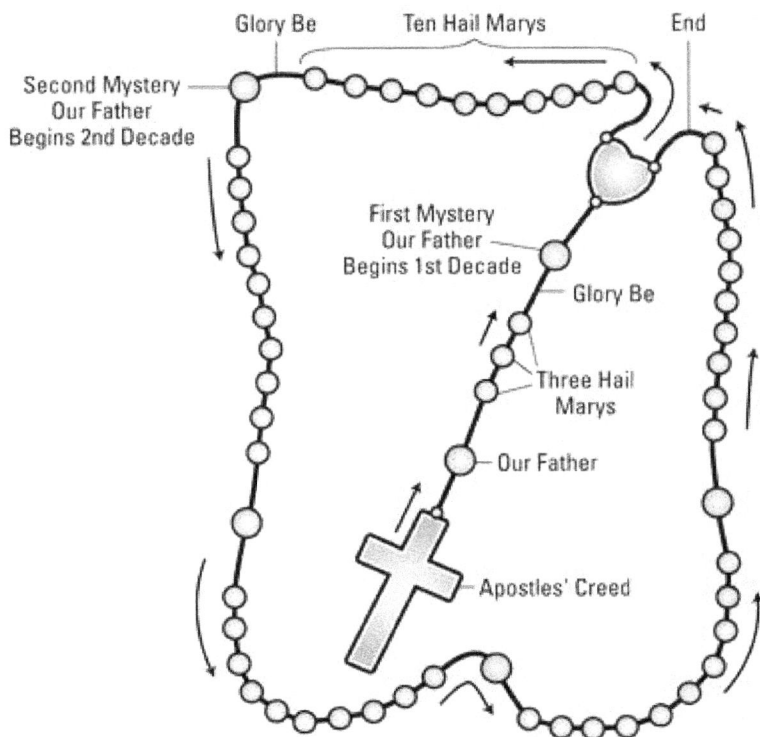

Enganado - Será Deus chamando Seu povo para sair dos rituais vãos e desfrutar de um relacionamento pessoal com Ele?

4. *Na grande pérola, meditar sobre o primeiro mistério e orar o Pai Nosso.*

Você ora mistérios para cada uma das cinco secções (décadas) do rosário de acordo com o dia da semana:

1. *Segundas-feiras e sábados:*

   Os Mistérios Gozosos lembrar aos fiéis do nascimento de Cristo: A Anunciação (Lucas 1: 26-38); A Visita (Lucas 1: 39-56); O natividade (Lucas 2: 1-21); A apresentação (Lucas 2: 22-38); O Encontro do Menino Jesus no Templo (Lucas 2: 41-52)

2. *Terças-feiras e sextas-feiras:*

   Os Mistérios Dolorosos recordar paixão e morte de Jesus: A Agonia de Jesus no jardim (Mateus 26: 36-56); A flagelação no pilar (Matthew 27:26); A coroa de espinhos (Mt 27: 27-31); Levar da cruz (Mateus 27:32); A crucificação (Mateus 27: 33-56).

3. *Quartas-feiras e domingos:*

   Os Mistérios Gloriosos concentrar sobre a ressurreição de Jesus e as glórias do céu: A Ressurreição (João 20: 1-29); A ascensão (Lucas 24: 36-53); A descida do Espírito Santo (Atos 2: 1-41); A Assunção de Maria, a Mãe de Deus, no céu; A coroação de Maria no céu.

4. *Quintas-feiras:*

   Papa João Paulo II acrescentou Os Mistérios da Luz, também conhecidos como os Mistérios Luminosos, em 2002: o batismo no rio Jordão (Mateus 3: 13-16); A festa do casamento em Caná (Jo 2: 1-11); A pregação da vinda do Reino de Deus (Marcos 1: 14-15); A transfiguração (Mt 17: 1-8); A Instituição da Eucaristia (Mateus 26).

5. *Ir o medalhão central e nas dez contas depois disso, reze uma Ave*

Maria em cada talão; na cadeia, orar um Glória.

Apesar de uma década é de 10, estas 12 orações formar uma década do rosário.

Muitos católicos adicionar a oração de Fátima depois da Glória e antes da próxima Pai Nosso: Ó meu Jesus, perdoai-nos, livrai-nos do fogo do inferno e levai as almas todas para o céu, principalmente aquelas que mais necessitam de Tua misericórdia. Um homem.

6. *Repita os passos 5 e 6 mais quatro vezes para concluir as próximas quatro décadas.*

7. *No final do seu Rosário, dizem que a Salve Rainha.*

Salve Rainha, Mãe de misericórdia, vida, doçura e nossa esperança. Para vós bradamos, os degredados filhos de Eva, a ti é que vamos enviar suspiramos, gemendo e chorando neste vale de lágrimas. Vire então, defensor mais gracioso, os teus olhos de misericórdia para conosco; e depois deste desterro mostrai-nos o bendito fruto do vosso ventre Jesus, ó clemente, ó piedosa, ó doce Virgem Maria.

Rogai por nós, Santa Mãe de Deus. Para que sejamos dignos das promessas de Cristo.

Ó Deus, cujo Filho Unigênito, por Sua vida, morte e ressurreição, nos obteve o prêmio da salvação eterna; conceder Vos suplicamos, que meditando estes mistérios do Sacratíssimo Rosário da Bem-Aventurada Virgem Maria, imitemos o que contêm e consigamos o que prometem.
Pelo mesmo Cristo, nosso Senhor. Um homem.

Duas razões para nunca para orar o Rosário
#1. O artigo acima diz o Rosário ajuda a contar um católico suas

orações? Conta-os? Deus não quer ouvir repetições ritualísticas. Eles não ganhar seu favor. Na verdade, acredito que essas repetições fórmulas são ofensivas a ele. Se você é uma mãe ou pai, como você se sentiria se seu filho ou filha veio para você e ritualisticamente repetiu seus apelos mais e mais, a fim de ganhar seu favor e movê-lo para responder ao seu pedido? Eles não precisam de ganhar seu favor, pois não? Eles já tê-lo. E assim é com Deus.

> *Vejam como é grande o amor do nosso Pai: pois ele permite sermos chamados filhos de Deus, o que realmente nós somos. Entretanto, visto que tanta gente não conhece a Deus, não compreende que somos seus filhos. - 1 João 3: 1*

Além disso, Jesus abordou especificamente esses tipos de orações.

> *"Quando orardes, não balbuciar sobre e sobre como os gentios. Eles acham que suas orações são respondidas simplesmente repetindo suas palavras uma e outra vez. [8] Não ser como eles, porque vosso Pai sabe exatamente o que você precisa mesmo antes de perguntar a ele! - Matthew 6: 7- 8*

#2. Maria foi mais abençoado por Deus. Ela foi escolhida para suportar e ajudar a levantar o Filho de Deus que reservou seu poder e glória e veio a nós como um ser humano. (Veja a seção acima, "a veneração de Maria"). No entanto, um ponto importante que deve ser repetido aqui em conexão com o rosário é que Maria não é certamente a "mãe de Deus." Deus tem existido desde a eternidade; Maria era um ser humano, e não há nada na Bíblia que sugerem que santos falecidos podem ver ou ouvir-nos.

Maria não foi escolhido para ser um mediador entre o homem e Deus, essa posição é mantida por Jesus sozinho.

> *Há um só Deus e um só mediador entre Deus e os homens: o homem Cristo Jesus, que deu a sua vida em resgate por toda a humanidade. Essa é a mensagem que no momento oportuno Deus entregou ao mundo. - 1 Timóteo 2:5-6*

> *Meus filhinhos, estou lhes dizendo isso a fim de que vocês fiquem longe do pecado. Mas se vocês pecarem, existe alguém para interceder por vocês diante do Pai. O nome dele é Jesus Cristo, aquele que é tudo quanto é bom e que agrada completamente a Deus. - 1 João 2:1*

O Purgatório

A ideia por trás do conceito católico de um purgatório é que algumas pessoas morrem com pecados menores, perdoáveis, mas não arrependidos, e que a pena temporal devida pelo pecado não foi totalmente paga, enquanto eles estavam vivendo. Então, o purgatório é um lugar de punição temporária onde eles são purificados para que eles serão qualificados para entrar no céu de um Deus santo.

Para começar, os pecados de ninguém são tão pequenas que eles nunca iriam ser qualificados para entrar no céu de Deus com base no mérito. Também é verdade que os pecados de ninguém são tão hediondos que o sangue de Jesus não pagar o preço total para eles se essa pessoa confessa e se arrepende sinceramente deles.

De acordo com esta doutrina vergonhosa, sofrimento e morte de Jesus na cruz não era inteiramente suficiente para pagar pelos pecados dos falecidos, a satisfação de modo adicional deve ser paga pelo próprio pecador. Este humilha e barateia o sacrifício de Jesus Cristo.

Jesus, falando de si mesmo, o Filho de Deus, na terceira pessoa, disse:

> *"Não há condenação reservada para aqueles que creem nele como Salvador. Mas aqueles que não creem nele já estão condenados por não crerem no Filho único de Deus." - João 3:18*

Ele também disse,

> *"Eu digo sinceramente a vocês: Aquele que ouve a minha palavra e crê naquele que me enviou, tem a vida eterna, e jamais será condenado, mas já passou da morte para a vida. - João 5:24"*

Por favor note que nestas duas Escrituras, somos informados de que não há "nenhum julgamento "E aqueles que acreditam em Jesus "nunca será condenado." Não há pecado que ainda deve ser pago.

Este ensinamento espúrio é fortemente baseado em três versos encontrados em II Macabeus 12:43-45, que é um dos livros apócrifos incluídos na Bíblias católicas que não é encontrado em Bíblias protestantes. Um par de outras Escrituras também são citados ao longo do tempo, mas sem as passagens Macabeus eles não fornecem qualquer apoio credível para a doutrina do purgatório.

Os protestantes não aceitam que os livros apócrifos incluídos na Bíblia Católica foram escritos por inspiração de Deus. Isto é muito importante porque se o livro em si é de origem duvidosa e autoridade, então as passagens das escrituras em que sugere a possibilidade de um lugar como o purgatório não pode ser confiável.

A seguir é parte de uma troca de e-mail postado na internet em que biblista Gary F. Zeolla dá várias das principais razões Bíblias protestantes não incluem os apócrifos livros (itálico):

Primeiro, o cânon judaico não inclui os apócrifos. Isso é significativo, pois foi aos judeus que a OT foi confiada (Rm 3: 1,2). Em segundo lugar, alguns dos livros apócrifos foram escritos em grego, e não hebraico. Então, eles se distinguem dos Escrituras Hebraicas.

Em terceiro lugar, Jesus parece excluir os apócrifos em sua declaração em Lucas 11:51 -. "Desde o sangue de Abel até ao sangue de Zacarias, que pereceu entre o altar e o templo Sim, eu vos digo, será requerido desta geração." NVI

A morte de Abel está registrada em Gênesis, o primeiro livro no cânon hebraico. A morte de Zacarias está incluído em 2 Crônicas, o último livro no cânon hebraico (a ordem dos livros é diferente da ordem em que estão em hoje). Portanto, este parece confirmar o cânon judaico como sendo a correta.

*A ordem dos livros em que aparecem hoje é tomada a partir da
Septuaginta (século II a.C tradução grega do AT), que incluiu os
apócrifos. Mas Jesus está a seguir o cânon hebraico em sua
declaração.*

*Em quarto lugar, há citações diretas de todos os livros apócrifos
aparece no NT. Agora, há alusões a acontecimentos e
declarações apócrifos, tais 1Maccabees sendo aludido em
Hebreus 11:37. Mas nenhuma dessas alusões subir para os
apóstolos usando os apócrifos como uma fonte autorizada. Em
outras palavras, não há apócrifos cita no NT introduzido de uma
forma que mostra os apóstolos consideraram os livros para ser
autoritário, ou seja, usando: "Foi escrito", "dito pelo profeta",
"o Espírito Santo falou," etc.*

*Assim, com a falta de citações de autoridade do Apócrifos no
NT, parece que os escritores do NT, e o próprio Jesus, não
aceitou os apócrifos como Escritura."*

O efeito trágico deste ensinamento do purgatório é que, mesmo
na morte, os católicos não podem ter a certeza da sua salvação
eterna. Eram seus pecados aqui na terra tão grande que Jesus vai
rejeitá-las completamente e enviá-los para o inferno em vez de
para o purgatório? Ou se eles não eram tão ruins, quanto tempo
eles devem definhar no purgatório? Quantas orações de seus
parentes vivos serão necessárias para encurtar ou terminar a sua
estada, ou quanto dinheiro terá que ser pago à Igreja Católica
para comprá-los fora? (Veja a seção sobre as indulgências.)

A Bíblia nos dá muitas garantias de que somos salvos quando

confessamos Jesus como Salvador e confiança no seu sacrifício como pagamento total pelos nossos pecados. Não há nada adicional que temos de pagar. Nenhuma quantidade de dinheiro e sem número de orações contribuem em nada para a nossa salvação.

> *Eu escrevi isto a vocês que creem no nome do Filho de Deus, a fim de que vocês possam saber que têm a vida eterna. - 1 João 5:13*

Assim, você pode saber que você tem a vida eterna! Não espero que você tenha a vida eterna.

E São Paulo não deixa dúvida de que nossa salvação não tem nada a ver com os nossos méritos ou boas obras.

> *Deus te salvou pela sua graça quando você acredita. E você não pode levar o crédito por isso; é um dom de Deus. A salvação não é uma recompensa para as coisas boas que fizemos, então nenhum de nós pode se gabar sobre isso. - Efésios 2:8- 9*

Ele também explica que, através de Jesus, fomos reconciliados, ou feito direito, com Deus. Deus já não detém os nossos pecados contra nós.

> *Isto significa que qualquer um que pertence a Cristo tornou-se uma nova pessoa. A velha vida se foi; uma nova vida já começou! E tudo isto é um dom de Deus, que nos trouxe de volta a si mesmo por meio de Cristo. E Deus nos deu essa tarefa de reconciliar as pessoas*

> *com ele. Porque Deus estava em Cristo reconciliando consigo o mundo a si mesmo, não contando os pecados das pessoas contra eles. - 2 Coríntios 5:17-19*

É o próprio Jesus que julgará cada um de nós, e ele vai julgar-nos sobre se temos que colocar nossa fé e confiança nele e a suficiência de seu sacrifício redentor.

Jesus disse:

> *"Porque, assim como o Pai dá vida aos que ele levanta dentre os mortos, assim também o Filho dá vida a quem ele quer. Além disso, o Pai a ninguém julga. Em vez disso, ele tem. Dada a autoridade absoluta Filho para julgar, para que todos honrarão o Filho, assim como honram o Pai." - João 5:21-23*

Uma Escritura definitiva de Paulo que nos assegura que nossas almas salvas ir diretamente para estar com o Senhor quando morremos:

> *Então, estamos sempre confiantes, apesar de sabermos que, enquanto vivemos nestes corpos não estão em casa com o Senhor. Para vivemos crendo e não vendo. Sim, estamos plenamente confiantes, e nós preferiria estar longe destes corpos terrestres, pois então estaremos em casa com o Senhor. - 2 Co 5:6-8*

Capítulo 4

Ganância e imoralidade
A venda de indulgências

No século XVI, as pessoas foram informadas de que poderia comprar um perdão da Igreja Católica que reduzir ou eliminar o seu tempo no purgatório. É provavelmente seguro assumir que se confessou para assassinar você teria que pagar consideravelmente mais para o seu perdão que se você confessou o adultério ou roubar comida.

A Igreja não figura na Martin Luther bem-vinda. Ele era um padre católico na Alemanha que se atreveu a desafiar o papado em algumas de suas doutrinas e práticas, impiedosas, gananciosas, como a venda de indulgências. As vendas foram crescendo e dinheiro estava rolando nas portas da Igreja, assim que Martin não se encarecer à Igreja por soprar o apito sobre esta prática do mal. Depois de Lutero recusou-se a retirar a condenação de algumas das práticas da Igreja, a Igreja tentou matá-lo para impedi-lo de agitar as pessoas.

Alguns dos que estão lendo este será chocado ao saber que Indulgências ainda estão à venda pela Igreja Católica; no entanto, você não pode comprá-los na esquina da rua. Isso provocaria um alvoroço que seria devastador para a Igreja. Então agora essas transações ocorrem em um nível muito mais elevado, e somente se a recompensa justifica o risco.

Como explicado na Enciclopédia Católica,

"O papa não absolver a alma no purgatório da punição devida ao seu pecado, Mas oferece a Deus do tesouro da Igreja qualquer que seja necessário para o cancelamento desta punição."

Esta prática é tão obviamente imoral e controversa que uma indulgência pode agora só pode ser adquirido com a aprovação do papa, e desde que estejam reunidas várias condições. Uma dessas condições, como descaradamente afirmou na Enciclopédia Católica, é que deve haver." algo relacionado com a glória do Deus e a utilidade do **Igreja**, Não apenas o utilitário que resultem para o almas no purgatório."

Como eu li, que diz que o perdão não deve ser apenas para o benefício do indivíduo, mas também deve ser útil para a Igreja.

Isto traz à mente a abertura do filme O Poderoso Chefão III, onde Mafia Chieftain Don Corleone recebe uma alta honra concedida pela Igreja Católica Romana...logo depois que ele doa US $100 milhões para a Igreja.

Espero que eu não estou correndo planos de ninguém quando digo que um perdão pela Igreja Católica é totalmente sem sentido. Só Deus pode conceder um perdão pelos pecados, e ele já fez isso...e é grátis!

> *Porque o salário do pecado é a morte, mas o dom gratuito de Deus é a vida eterna em Cristo Jesus nosso Senhor. - Romanos 6:23*

A imoralidade sexual

Estudos sugerem que a percentagem de padres homossexuais na Igreja Católica é muito superior que a da população geral. Na cultura 'politicamente correto' dos Estados Unidos, sendo ativamente homossexual tornou-se quase aceitável. Enquanto muitas pessoas mudar os seus costumes para se adaptar à sua cultura, Deus não. O que Deus declarou ser pecado, ainda é pecado.

Eu sou o Senhor, e eu não mudam. - Malaquias 3:6

Temos sacerdotes molestar sexualmente, estuprar e sodomizar crianças! Como isso pode ser? Homens, que presumivelmente tinha nobres aspirações de uma só vez, violando crianças inocentes que foram confiadas a seu cuidado espiritual!

Durante décadas, provavelmente, mais precisamente, por séculos, os líderes da Igreja, nos níveis mais altos, manteve contos terríveis de abuso de fora do olhos do público através de uma cultura elaborada de sigilo, engano e intimidação. As vítimas que se apresentaram com queixas de abuso foram ignoradas ou pagas, enquanto os padres acusados foram discretamente transferido de paróquia em paróquia ou enviados por breves períodos de aconselhamento psicológico. Apesar dos relatos de estupro de crianças e outros comportamentos criminosos por clérigos, os líderes da Igreja não fizeram esforços visíveis para informar as autoridades policiais.

Jesus, falando de crianças, disse,

*Mas se você causar um destes pequeninos que
confia em mim para cair em pecado, seria melhor
para você ter uma grande pedra de moinho amarrada
ao redor de seu pescoço e se afogar nas profundezas do
mar. - Mateus 18:6*

Não pode haver dúvida de que um número significativo de homens que escolheu para tomar o voto de celibato fez porque sua orientação sexual estava em conflito. Eles podem ter lutado com homossexuais ou inclinações pedófilas e, em vez de procurar aconselhamento espiritual e psicológico, eles fizeram o erro de pensar que eles poderiam fazer um voto de celibato e ignorar ou suprimir essas tendências.

Isso não é simplesmente uma questão de a Igreja ser um corte transversal da sociedade. A percentagem de padres homossexuais e pedófilos na Igreja é terrível! O problema é epidemia na proporção! Muitos milhares de padres foram acusados ou condenados por abusar sexualmente de crianças! Muitos mais têm sido implicados, ou conspiraram para varrer essas violações terríveis para debaixo do tapete. Eu li de um padre que foi dito ser singularmente responsável por molestar mais de 200 crianças.

*A mulher usava roupas roxo e escarlate e belas joias
feitas de ouro e pedras preciosas e pérolas. Na mão ela
segurava um ouro cálice cheio de obscenidades e as
impurezas da sua imoralidade. - Apocalipse 17:4*

Sem dúvida você já ouviu ou leu sobre os casos generalizados de abusos nos Estados Unidos. Já em 2002, cerca de 1.200 padres nos EUA foram acusados de abuso, de acordo com um estudo realizado pelo The New York Times. Muitos mais foram posteriormente cobrados.

Este não é apenas um fenômeno norte-americano, que é mundial. Não há praticamente um país que não tenha sido ferido por estas atrocidades cometidas por clérigos católicos, com acusações de abuso ou mau uso de escândalos forçando a renúncia de bispos em Argentina, Alemanha, Áustria, Polónia, Irlanda, País de Gales, Escócia, Canadá, Austrália, Suíça, e em outro lugar.

A seguir foi extraído de um artigo datado de 29 de novembro de 2009 que apareceu na internet sob o título Visualizações cultivadas - notícias, opiniões e comentários. O título do artigo é, a Igreja Católica Romana na Irlanda: o maior do mundo Pedófilo Anel Finalmente Expostas (itálico).

"A questão mais confrontante para qualquer Católica Romana foi a revelação de que os membros do nosso clero da igreja foram responsáveis pelo abuso sexual e físico horrendo e sistemática das crianças em uma escala que é quase impossível de compreender. Os números exatos revelando o quão muitas vítimas não eram nunca será conhecida, porque este comportamento vem acontecendo para não anos ou décadas, mas certamente séculos. Temos que chegar a termos com o fato de que a Igreja Católica tem sido a maior rede de pedofilia no mundo, com os crimes desses homens não se restringe a apenas Irlanda. Eu prefiro não pensar esses bastardos como sacerdotes - que nunca se uniram à igreja para administrar os sacramentos ou servir a Deus e espalhar sua palavra - eles se juntaram simplesmente para ter acesso a crianças inocentes. Eles eram pedófilos em primeiro lugar, nunca mais verdadeiros membros do clero. E como os três

macacos retratados, o Vaticano conspirou para ver nada, ouvir nada e não fazer absolutamente nada."

Imagine que a ira de Deus com aqueles que trouxeram esta grande vergonha para seu Santo Nome, e com aqueles com os mais altos níveis da Igreja Católica que cobriram-se estes hediondo crimes e sacerdotes culpados repetidamente movido de um lugar para outro para protegê-los de julgamento e punição!

> *É uma coisa terrível cair nas mãos do Deus vivo. - Hebreus 10:31*

O número de vítimas é desconhecido, mas a maioria cima prováveis de cem mil vidas jovens foram danificadas ou destruídas por estes atos monstruosos realizados por homens que se estendeu a ser representantes de Deus!

Ouvir o que São Paulo tinha a dizer aos líderes religiosos judeus de sua época:

> *"Você que se chamam judeus estão contando com a lei de Deus, e você se vangloriar sobre sua relação especial com ele. Você sabe o que ele quer; Você sabe o que é certo, porque você tem sido ensinado a lei. Você está convencido de que você é um guia para cegos e uma luz para as pessoas que estão perdidos na escuridão. Você acha que pode instruir os ignorantes e ensinar as crianças os caminhos de Deus. Para que você esteja certo de que a lei de Deus dá-lhe o conhecimento completo e verdade.Bem, então, se você*

ensinar aos outros, por que não ensinar a si mesmo? Você dizer aos outros para não roubar, mas você roubar? Seu dizem que é errado cometer adultério, mas você cometer adultério? Você condena a idolatria, mas você usar itens roubados de templos pagãos? Você está tão orgulhoso de conhecer a lei, mas você desonrar a Deus por quebrá-lo. Não admira que as Escrituras dizem: "Os gentios blasfemar o nome de Deus por causa de você" - Romanos 2: 17-24

Agora, vamos mudar apenas algumas palavras e ver o que Paul poderia dizer que a hierarquia da Igreja Católica de hoje...

"Você que se chamam padres, bispos e cardeais estão contando com a lei de Deus, e você se vangloriar sobre sua relação especial com ele. Você sabe o que ele quer; você sabe o que é certo, porque você tem sido ensinado a lei. Você está convencido de que você é um guia para cegos e uma luz para as pessoas que estão perdidos na escuridão. Você acha que pode instruir os ignorantes e ensinar as crianças os caminhos de Deus. Para que você esteja certo de que a lei de Deus dá-lhe o conhecimento completo e verdade.

Bem, então, se você ensinar aos outros, por que não ensinar a si mesmo? Você dizer aos outros para não roubar, mas você roubar? Seu dizem que é errado cometer adultério, mas você abusar sexualmente de crianças inocentes? Você condena a idolatria, mas você se curvar e orar a estátuas e convocar os mortos para ajudá-lo? Você está tão orgulhoso de conhecer a

> *lei, mas você desonrar a Deus por quebrá-lo. Não admira que as Escrituras dizem: "Os gentios blasfemar o nome de Deus por causa de você."*

Recentemente, ouvi uma mulher dizer que ela não se sentia bem sobre confessando seus pecados a um padre. Ela especulou que seus pecados podem ser piores do que a dela. Ela disse que tinha decidido que ia confessar seus pecados diretamente a Deus. Eu posso imaginar Deus sorrindo e talvez até mesmo batendo as mãos!

O que deu errado?

"Santificação" é o termo bíblico que se refere ao processo pelo qual nos tornamos mais e mais parecido com Deus em nossos pensamentos, ações e atitudes como nós crescemos em nosso relacionamento pessoal com ele.

A Palavra de Deus é a verdade, e nós ser santificados (crescer em santidade) como ler e estudar sua Palavra.

Eu acho que é seguro dizer que ele é um padre raro que estuda a Palavra de Deus diariamente. Mesmo como o da Igreja "fiéis" foram enganados, assim também têm padres foram enganados ao pensar sua relação principal deve ser com a Igreja, em vez de com o próprio Deus. Quem não estão cultivando sua relação com Deus é especialmente vulnerável a todos os tipos de tentações pecaminosas.

Jesus, orando a Deus Pai sobre seus discípulos e aqueles que acreditam nele no futuro (nós), orou,

"Faça-os santos por sua verdade; <u>ensinar-lhes a tua palavra,</u> que é verdade. Assim como tu me enviaste ao mundo, eu estou enviando-os para o mundo. E eu dou-me como um santo sacrifício para eles para que <u>eles possam ser santificados pelo seu verdade</u>." - João 17:17-19

São Paulo tinha a dizer sobre o pecado sexual:

A vontade de Deus é para você ser santo, portanto, fique longe de todo pecado sexual. Em seguida, cada um de vocês irá controlar o seu próprio corpo e viver em santidade e honra - não na paixão da concupiscência, como os pagãos que não conhecem a Deus e seus caminhos. - 1 Ts 4:3-5

Evitar o pecado sexual, ou qualquer tentação forte, não é uma questão de força de vontade. É desejável que procuram viver de uma maneira que agrada a Deus, mas não pode ser feito pela força de vontade. St. Paul torna evidente que estamos vencidos em tais lutas.

Para nós não estamos lutando contra os inimigos de carne e sangue, mas contra governantes malignos e autoridades do mundo invisível, contra forças poderosas neste mundo escuro, e contra espíritos malignos nos lugares celestiais. - Efésios 6:12

Paulo continua a nos alertar para colocar em cada peça da armadura de Deus, para nós será capaz de resistir às tentações pecaminosas, e de modo que depois da batalha, vamos ainda estar de pé firme.

> *Esteja sua terra, colocando o cinto da verdade e da armadura da justiça de Deus. Para os sapatos, vestiu a paz que vem da Boa Nova de modo que você estará totalmente preparado. Além de tudo isso, realizar-se o escudo da fé para parar os dardos inflamados do diabo. - Efésios 6:14-16*

E, finalmente, são:

> *Coloque sobre a salvação como seu capacete, e tomar a espada dedo Espírito, que é a palavra de Deus. - Efésios 6:17*

A espinha dorsal da nossa relação com Deus sempre volta para saber sua Palavra.

Tolerar o culto a outras "divindades"

A Igreja Católica Romana não participar diretamente em rituais satânicos ou culto, no entanto, em grande parte do mundo em que ela tolera milhões de seus membros participam em cerimônias satânicas em que outras divindades e espíritos são adorados. Em um típico povo de domingo pode assistir à missa de manhã e à noite participar de cerimônias reprováveis que são ofensivos a Deus.

A hierarquia da Igreja prefere reter membros, sua base de poder e fonte de renda, do que aliená-los, exigindo que fazer uma escolha entre adorar o único Deus verdadeiro e a adoração pluralista de múltiplos "divindades" e espíritos menores. Poder e receita financeira provou mais importante para a Igreja Católica do que a condição espiritual e salvação eterna das pessoas.

No Haiti e outros países do Caribe é **Voodoo** ou Vodu, uma fusão de elementos rituais católicos romanos e o animismo e magia da África em que um Deus supremo governa um grande panteão de divindades, ancestrais divinizados e santos católicos, que se comunicam com adoradores via sonhos, transes e possessões demoníacas. Um sacerdote ou a sacerdotisa leva adoradores em cerimônias envolvendo canto, dança, percussão, oração e sacrifícios - tanto de origem animal e humano!

O primeiro presidente democraticamente eleito do Haiti, Jean-Bertrand Aristide, era um padre católico antes de ser eleito presidente. Como presidente, ele participou pessoalmente em cerimônias de vodu e incentivou publicamente a prática do vodu, tanto em discursos e por meio de apoio financeiro do governo.

Seu sucessor, o presidente René Preval, é amplamente acredita-se que participou em cerimônias de vodu dentro do palácio presidencial que envolveu sacrificando crianças.

Há um ditado no Haiti: "85% dos haitianos são católicos, mas todos eles praticam o vodu" embora isso seja um exagero, dá-lhe uma ideia de sua cultura religiosa e como a Igreja tem deixado de fazer o que é certo.

Ele deu um forte grito: "Caiu Babilônia grande cidade caiu! Ela se tornou morada de demônios. Ela é um esconderijo para cada falta espírito, um esconderijo para cada abutre falta e cada animal sujo e terrível. - Apocalipse 18: 2

Santeira é um movimento religioso que se originou em Cuba. Ela se espalhou para a América Latina. Ele combina crenças da África Ocidental e práticas com elementos do catolicismo romano. Ele inclui a crença em um ser supremo, mas culto e rituais centro de divindades ou santos padroeiros (com paralelos entre santos católicos romanos). Práticas podem incluir a dança trance, percussão rítmica, a posse (demoníaca) espírito e sacrifício de animais.

No Brasil é **Macumba**, uma religião afro-brasileira caracteriza-se por uma fusão de religiões africanas, o espiritismo brasileiro e catolicismo romano. elementos africanos incluem o sacrifício de animais, oferendas espirituais, e danças. ritos Macumba são liderados por médiuns que caem prostrados em transes e se comunicar com os espíritos "santo." elementos católicos romanos incluem a cruz e a adoração de santos, que são dados nomes africanos.

<u>Este é o lugar onde os líderes da igreja piedosos são obrigados a exercer todos os pouco de influência que eles têm sobre os seus membros da igreja.</u> Este é o lugar onde eles precisam tomar uma posição e dizer: "Não! Isto está errado. Você não pode ser um membro de nossa igreja e também adoram outros deuses! ' Você deve escolher! "A resposta do clero Igreja Católica foi .... (silêncio)

Em 1700 o Haiti foi colônia mais rica da França e era conhecida como a Pérola das Antilhas por sua beleza singular. A população consistia de escravos que tinham sido trazidos para o Haiti da África. Os povos indígenas tinham morrido off de doenças para as quais não tinham imunidade. Em 1791 um grupo de sacerdotes vodu fez um pacto com o diabo. Se ele iria ajudá-los a libertar o Haiti a partir da regra do francês, que iria dedicar o país a Satanás por 200 anos. A revolta posterior foi bem-sucedida e Haiti se tornou uma nação em 1804.

Não surpreendentemente, o Haiti é hoje o país mais pobre do hemisfério ocidental. Desemprego é acima de 80%. A maioria das árvores foram cortadas. A erosão lavada uma vez os solos férteis para o oceano. Em alguns lugares as pessoas comem experiente, rissóis lama seca apenas para aliviar suas dores de fome. Jesus advertiu que o diabo vem para matar, roubar e destruir.

Os problemas do Haiti na superfície parecem ser de ordem econômica, mas são na verdade espiritual.

A casa de um sacerdote vodu no Haiti

Capítulo 5

Nosso Relacionamento com Deus

Nossa natureza pecaminosa

Quando a Bíblia fala de uma pessoa, pessoas, lugar ou coisa como sendo santo, isso normalmente significa, "separado para Deus." Na versão King James da Bíblia há uma passagem que fala de Deus inspirando as Escrituras Sagradas. Diz,

> *Porque a profecia nunca foi produzida por vontade de homem algum, mas os homens santos de Deus falaram inspirados pelo Espírito Santo. - 2 Pedro 1:21 (KJV)*

Como usados aqui, "homens santos de Deus" refere-se a eles ser separado para um propósito especial para a qual Deus escolhe-los. Isso não significa que eles eram perfeitos e sem pecado.

Da mesma forma, os filhos de Israel foram instruídos:

> *Farás vestes sagradas para Arão, teu irmão, para glória e beleza. - Êxodo 28:2 (RA)*

Claro que isso não significa que as peças de vestuário seriam sem pecado, mas que eram para ser especial e reservada para os propósitos de Deus.

Nós, que convidou Jesus para ser o Senhor de nossas vidas são chamados a ser santos. Ou seja, somos desafiados a viver vidas inocentes com a ajuda do Espírito Santo que vive dentro de nós.

> *Portanto, você deve viver como filhos obedientes de Deus. Não escorregar de volta para seus velhos modos de viver para satisfazer seus próprios desejos. Você não sabia de nada depois. Mas agora tem de ser santo em tudo que faz, assim como Deus quem escolheu você é santo. Para as Escrituras dizem: "Sejam santos porque eu sou santo." - 1 Pedro 1:14-16*

Além de Adão e Eva antes da queda, a única mencionada na Bíblia, que é sem pecado, é Deus, incluindo o Filho de Deus, Jesus Cristo.

Abraão, Isaac e Jacob do Antigo Testamento, juntamente com Maria, Pedro, Paulo e os autores dos quatro evangelhos do Novo Testamento, eram todos os pecadores como você e eu.

São Paulo, que é creditado com a escrita de mais de metade dos livros do Novo Testamento pela inspiração do Espírito Santo, teve este a dizer sobre si mesmo:

> *"E eu sei que nada de bom habita em mim, isto é, em minha carne. Eu quero fazer o que é certo, mas eu não posso. Eu quero fazer o que é bom, mas eu não. Eu não quero fazer o que é errado, mas eu faço isso de qualquer maneira. Mas, se eu faço o que não quero fazer, eu não sou realmente o único a fazer errado; o pecado que habita em mim que faz isso.*

Eu descobri este princípio de vida - que, quando quero fazer o que é certo, faço inevitavelmente o que é errado. Eu amo a lei de Deus com todo o meu coração. Mas há outro poder dentro de mim que está em guerra com a minha mente. Este poder me torna um escravo do pecado que ainda está dentro de mim. Oh, o que é um miserável pessoa que eu sou!? Quem vai me libertar dessa vida que é dominado pelo pecado e da morte" - Romanos 7:18-24

Então ele responde sua própria pergunta.

"Graças a Deus! A resposta está em Cristo Jesus nosso Senhor." - Romanos 7:25

Podemos chamar Paul um homem "santo" de Deus a partir da perspectiva de que ele foi escolhido por Deus e separados para pregar e ensinar a Palavra de Deus. Mas não podemos chamá-lo sem pecado. Por sua própria admissão, ele não era.

Culpa, penitência e boas obras

Martinho Lutero, o monge alemão rebelde, muitas vezes se sentia oprimido pela virulência de sua natureza pecaminosa. Ele confessou seus pecados obsessivamente e até mesmo se flagelava em um esforço para trazer seu corpo pecaminoso sob seu controle, sem sucesso.

Todos nós nascemos com uma natureza pecaminosa que nos levará ao pecado. De seu estudo das Escrituras, Martin Luther descobriu que ele estava lutando uma batalha perdida, mas que Deus não espera que vivamos vida sem pecado. Ele sabe que não pode. Foi por isso mesmo que ele enviou seu Filho inocente para pagar o preço total para nossos pecados. Por causa de O sacrifício de Jesus por nós, Deus nos vê como justos! Sua Palavra nos diz que ele removeu os nossos pecados de nós, tanto quanto o Leste é do Oeste. **Sim, você e eu somos sem pecado aos olhos de Deus.**

Martin expressou sua descoberta para a Igreja Católica e teve problema com sua ênfase na importância de fazer boas obras, de fazer penitência, e / ou pagar grandes somas de dinheiro para a Igreja para ganhar o favor de Deus. estudo das Escrituras de Lutero disse a ele que as pessoas estão salvas dos seus pecados pela graça e misericórdia de Deus.

Não podemos fazer nada para ganhar o amor e o perdão de Deus. É um dom gratuito de um Deus amoroso e misericordioso.

> *Deus te salvou pela sua graça quando você acredita. E você não pode levar o crédito por isso; é um dom de Deus. A salvação não é uma recompensa para as coisas boas que fizemos, então nenhum de nós pode se gabar sobre isso. - Efésios 2:8-9*

Toda a ideia de "penitência" vem da mente de homens, não de Deus. É o homem que se esforça para encontrar graça diante de Deus, fazendo algo que irá satisfazê-lo e desviar a sua indignação. Mas o Deus que se revelou a nós na Bíblia não é assim. Ele é um Deus de misericórdia e compaixão que está pronto a perdoar todos os que vêm a ele no nome de seu Filho, Jesus Cristo.

Ouça como Deus se descreve:

Então o Senhor desceu na nuvem e ficou ali com ele (Moisés); e ele chamou o seu próprio nome, Senhor. O Senhor passou diante de Moisés, chamando, "Senhor! O Senhor! O Deus de compaixão e misericórdia! Eu sou lento para a cólera e cheio de amor infalível e fidelidade. Eu derramar amor infalível para mil gerações. Eu perdoo iniquidade, rebelião e pecado." - Êxodo 34:5-7.

E é assim que São Paulo descreve o incrível amor de Deus:

E que você tem o poder de compreender, como o povo de Deus deve, como largura, quanto tempo, o quão alto e quão profundo o seu amor é. Que você possa experimentar o amor de Cristo, embora seja grande demais para entender completamente. - Efésios 3:18-19

E ele escreve,

> *Mas Deus mostrou o seu grande amor por nós, enviando Cristo para morrer por nós, sendo nós ainda pecadores. - Romanos 5:8*

Em outras palavras, Deus não disse: "Limpe seu ato e depois venha me ver." Ele pagou por nossos pecados a si mesmo e, em seguida, convida-nos a receber o dom gratuito da vida eterna, confiando no sacrifício de seu Filho como pagamento integral para nossos pecados.

Uma vez que tenhamos feito Jesus, o Senhor da nossa vida, não vamos voluntariamente continuam a cometer pecados que conhecemos são desagradar a ele. E quando nós escorregarmos, só precisamos reconhecer nosso fracasso e pedir perdão.

> *Mas se confessarmos os nossos pecados, ele é fiel e justo para nos perdoar os pecados e nos purificar de toda iniquidade. - 1 João 1:9*

Como diz São Paulo, já não somos o nosso próprio, que foram comprados com o preço do sangue de Jesus.

Nós nunca podemos ser certo da nossa salvação?

Então, muitas pessoas têm dúvidas sobre a sua salvação. Como já discutimos na seção Purgatório, não há nada que possamos fazer isso contribuirá para a nossa salvação. Jesus pagou o preço total para os nossos pecados, e não há nada mais a fazer para tornar-nos bem com Deus.

Mas, em seguida, lemos na Bíblia,

> *Você não percebe que aqueles que fazem o mal não herdarão o Reino de Deus? Não se enganem. Os que condescendem com o pecado sexual, ou que adoram ídolos, ou cometer adultério, ou são prostitutos, ou praticam a homossexualidade, ou são ladrões ou pessoas gananciosas, ou bêbados, ou são abusivos, ou enganar as pessoas - nenhum deles irá herdar o Reino de Deus. - 1 Co 6:9-10*

...e nós novamente começam a questionar a nossa salvação. Será que somos bons o suficiente?

St. Paul continua...

> *Alguns de vocês já foram assim., Mas você estava limpa; você foi feito santo; você foi feito bem com Deus por invocar o nome do Senhor Jesus Cristo e pelo Espírito de Deus. - 1 Coríntios 6:11*

Assim, nossos pecados são perdoados, não importa o quão ruim eles eram, mas que sobre os pecados que continuam a cometer? Certamente não podemos deliberadamente continuar pecando e esperar que Deus continue a nos perdoar, podemos? Não, não podemos. Vamos todos continuar a pecar enquanto vivemos nestes corpos pecaminosos, terrenas, mas quando o fazemos intencionalmente, precisamos nos arrepender e confessar que o pecado. A confissão é nada mais do que reconhecer a Deus que fizemos algo errado e pedindo perdão. Se a nossa confissão e arrependimento é sincero, Deus nunca deixará de nos perdoar e restaurar o relacionamento que violou pela nossa obstinação. Por outro lado...

> *Queridos amigos, se continuarmos deliberadamente pecado, depois de ter recebido o conhecimento da verdade, não há mais qualquer sacrifício que vai cobrir esses pecados. Existe apenas a terrível expectativa de juízo de Deus e o fogo ardente que vai consumir seus inimigos. - Hebreus 10:26-27*

A Bíblia nos diz que crer em Jesus Cristo nos dá o direito de ser chamados filhos de Deus e o direito de ir para o seu trono e falar com ele em oração o caminho um filho ou filha fala com um pai que eles sabem os ama. Essa nova relação é destinada a durar para sempre. Jesus disse que nunca vai permitir que Satanás para nos arrebatar de suas mãos.

Uma relação muito parecida a instituição do casamento de Deus
De certa forma, é como a instituição do casamento. Depois de deixar o altar, estamos casados. É oficial! A nova relação se destina a ser permanente. O relacionamento conjugal, inevitavelmente experimentar seus altos e baixos. Há momentos em que vamos ofender nosso parceiro. Talvez vamos esquecer o aniversário do nosso parceiro ou se tornar tão absortos em outras coisas que deixamos de gastar o tempo pessoal com ele ou ela. Podemos fazer o nosso parceiro ciumento ou zangado por algo que fazemos. Podemos até ser infiel ao nosso parceiro e causar grande ofensa. Mas, por tudo isso continuamos a ser casado; continuamos a estar nessa relação especial. Se formos muito por nossas falhas, e se o nosso parceiro tem uma natureza de perdão como Deus faz, ele ou ela vai nos perdoar por todas as coisas que fazemos errado, e continuará a nos amar. A relação permanece intacta.

No momento em que cruzar a limiar fé e cremos que Jesus morreu por nossos pecados e confessá-lo como Senhor, o Espírito Santo passa a residir dentro de nós. Naquele instante entramos em uma relação salvadora com Deus, que é muito parecido com o relacionamento conjugal. Deus sabe que haverá altos e baixos. Vamos ofendê-lo. Podemos fazer-lhe ciúmes pela forma como usamos nosso tempo e as coisas que fazemos nossas prioridades. Podemos cair em pecados da carne. Podemos até estar completamente infiel a ele por um tempo, mas a relação continua. **Não perdemos a nossa salvação!** Deus pacientemente trabalhar para nos chamar ao arrependimento, porque ele quer que o relacionamento permanecem intactos. A única maneira que Deus vai dar-se sobre a relação é se nós já não o valorizar. Se insistirmos em ir nossa própria maneira e se recusam a trabalhar no relacionamento chegará um tempo em que a sua paciência vai acabar...e do seu Espírito Santo vai nos deixar. Vamos ter quebrado o relacionamento, mostrando o nosso desprezo por ele.

Eu gosto de dizer que temos de fazer de Jesus **"o Senhor da nossa vida."** O que isso significa para mim é que não só nós confiamos na sua morte na cruz como pagamento integral de nossos pecados, mas também buscamos para agradá-lo em nossas vidas diárias, porque já não somos o nosso próprio, ele comprou-nos com o preço do seu sangue precioso. Devemos-lhe tudo.

Uma vez que estamos em um relacionamento com o Deus vivo, devemos fazer a nossa parte para manter o relacionamento saudável. Aqui estão quatro coisas que devemos fazer para proteger nosso novo relacionamento:

1.   **Leia a Bíblia** e deixar Deus falar-nos através de sua Palavra. É através da Bíblia que passamos a conhecer a Deus mais intimamente e começar a entender seu caráter e seu amor incrível para nós. Sua Palavra tem o poder de transformar nossas vidas e nos mudar de dentro para fora.

2.   **Falar com Deus em** oração. Todo relacionamento requer uma comunicação de mão dupla. Ele quer ouvir de nós. Ele quer

3.   **Tenha cuidado na escolha de amigos próximos.** A Bíblia nos diz que más companhias corrompem o bom caráter. Se nós podemos ser tentadas a usar drogas, não devemos sair com pessoas que usar ou vender drogas. Se nós somos especialmente vulneráveis à tentação sexual, que terá que ficar longe de quem pode encorajar-nos a pecar sexualmente.

4.   **Diga outro sobre Jesus e** sobre o nosso relacionamento com Deus. É seu desejo de que todas as pessoas vêm a ele e ser salvos. Ele nos deu a responsabilidade de dizer aos outros.

Ao fazer essas quatro coisas, investimos em nosso relacionamento com Deus, e Satanás não será capaz de ficar entre nós.

Deus chamou o rei Davi um homem segundo o seu coração. Ouça a esta oração do coração de David.

Como posso saber todos os pecados ocultos no meu coração? Purifica-me a partir desses defeitos ocultos. Guarda o teu servo dos pecados deliberados! Não deixe que eles me controlarem. Então eu vou ser livre de culpa e inocente de grande pecado. Que as palavras da minha boca e a meditação do meu coração sejam agradáveis a ti, ó Senhor, a minha rocha e meu redentor. Salmo 19:12-14

Portanto, a resposta à pergunta: "Pode ter certeza de nossa salvação?" É um sonoro "Sim! Absolutamente! "Se fizermos Jesus o Senhor da nossa vida, vamos passar a eternidade com ele. Nossas falhas continuar a viver sem pecado não será realizada contra nós, porque Jesus pagou toda a penalidade por esses pecados. Deus nos vê como inocentes, lavado pelo sangue de seu Filho.

> *Agora toda a glória a Deus, que é capaz de mantê-lo de cair fora e vai trazê-lo com grande alegria em sua presença gloriosa sem uma única falha. - Judas vs 24*

Ler a Bíblia

Eu encorajo todos os leitores deste livro para ler regularmente a Bíblia. Você precisa saber o que diz. Verifique cuidadosamente para fora tudo o que é dito, e se não é suportado na Bíblia, você pode concluir que o que lhe foi dito é o pensamento humano, que pode ou não ser válido.

Enquanto você lê a Palavra de Deus, pedir-lhe para abrir a sua mente e ajudá-lo a compreender. É sua Palavra e ele deu para você, então ele tem um grande interesse em ajudar você a entender isso.

Há grande valor na leitura da Palavra de Deus.

> *Toda a Escritura é inspirada por Deus e é útil para ensinar, para repreender, para corrigir, para instruir em justiça, para que o homem de Deus seja perfeito e*

perfeitamente habilitado para toda boa obra. - 2 Timóteo 3:16

Nesta Escritura, "homem de Deus", não se refere a homens na hierarquia da Igreja. Isso significa que você e eu, homens e mulheres que são seguidores de Jesus Cristo. Precisamos saber o que a Palavra de Deus diz de modo que não será enganado por charlatães que vêm transversalmente como falando por Deus.

Precisamos conhecer a sua vontade para nossas vidas. Ele tem planos para cada um de nós que foram feitas antes de nascermos, mas precisamos estar no comprimento de onda de Deus, a fim de ouvi-lo.

> *Porque somos obra-prima de Deus. Ele criou-nos de novo em Cristo Jesus, para que possamos fazer as coisas boas que ele planejado para nós há muito tempo. - Efésios 2:10*

Capítulo 6

A Igreja irá responder a um Deus Santo

Sua justa ira

Deus é amoroso, gentil, misericordioso e clemente...com aqueles a quem ele vê como inocentes por causa de sua fé e confiança em que Jesus fez por eles na cruz.

Mas nunca devemos esquecer que ele também é um Deus santo que não tolera a maldade. E, em particular, ele não tolera aqueles que se manter o máximo de seus representantes ainda ignorar seus comandos ou se envolver é a imoralidade flagrante. Eles são mantidos a um padrão mais elevado.

A seguir estão três histórias da Bíblia que ilustram a justa ira de Deus contra o pecado. Como você vai ver, sua tolerância é muito baixa.

Em Levítico capítulo 10 Aaron é o sumo sacerdote. Seus filhos Nadabe e Abiú também são sacerdotes. Os filhos tomaram liberdades em como eles serviram a Deus, não seguindo as instruções específicas que ele lhes dera.

> Nadabe e Abiú, filhos de Arão, colocaram brasas em seus incensários e as salpicaram com incenso. Com isso, trouxeram fogo estranho diante do Senhor, diferente do que ele havia ordenado. [2] Por isso, fogo

saiu da presença do SENHOR e os devorou, e eles morreram diante do SENHOR. [3] Então Moisés disse a Arão: "Foi isto que o SENHOR declarou: 'Mostrarei minha santidade entre aqueles que se aproximarem de mim. Mostrarei minha glória diante de todo o povo'". E Arão ficou em silêncio. [4] Moisés chamou Misael e Elzafã, primos de Arão e filhos de Uziel, tio de Arão, e lhes disse: "Venham cá e levem o corpo de seus parentes da frente do santuário para um lugar fora do acampamento". [5] Eles se aproximaram e os puxaram pelas roupas para fora do acampamento, conforme Moisés havia ordenado. [6] Então Moisés disse a Arão e a seus filhos Eleazar e Itamar: "Não deixem o cabelo despenteado[a] nem rasguem suas roupas em sinal de luto. Se o fizerem, morrerão, e a ira do SENHOR ferirá toda a comunidade de Israel. Mas outros israelitas, seus parentes, poderão ficar de luto porque o SENHOR destruiu Nadabe e Abiú com fogo. [7] Não saiam da entrada da tenda do encontro, ou morrerão, pois foram ungidos com o óleo da unção do SENHOR". E fizeram conforme Moisés ordenou. - Levítico 10:1-7 Nova Versão Transformadora (NVT)

Em seguida, vemos ira de Deus sobre a adoração de ídolos.

a SENHOR emitiu o seguinte comando a Moisés: "Aproveitar todos os líderes e executá-los antes do SENHOR em plena luz do dia, por isso a sua ira se desviará o povo de Israel." [5] Então Moisés ordenou juízes de Israel: "Cada um de vocês deve morrer os homens sob a sua autoridade que se juntaram na adoração a Baal-Peor." [6] Só então um dos homens israelitas trouxe uma midianita para a sua tenda, diante dos olhos de Moisés e todo o povo, como todo mundo estava chorando na entrada do Tabernáculo. [7] Vendo isso Finéias, filho de Eleazar e neto de Arão, o sacerdote, viu isto, levantou-se e deixou a montagem. Ele tomou uma lança[8] e correu atrás do homem para a sua tenda. Finéias enfiou a lança todo o caminho através do corpo do homem e no estômago da mulher. Então a praga contra os israelitas foi parado,[9] Mas não antes de 24.000 pessoas morreram. [10] Em seguida, a SENHOR disse à Moisés, [11] "Finéias, filho de Eleazar e neto de Arão, o sacerdote transformou a minha raiva longe dos israelitas por ser tão zeloso entre eles como eu estava. Então eu parei de destruir todo o Israel como eu tinha a intenção de fazer na minha ira zelosa.[12] Agora diga a ele que eu estou fazendo a minha aliança especial de paz com ele. [13] Neste pacto, eu dar-lhe e aos seus descendentes um direito permanente ao sacerdócio, no seu zelo por mim, seu Deus, ele purificou o povo de Israel, tornando-os bem comigo" - Números 25:4-13

Última, o rei Davi irritou grandemente a Deus por fazer um censo de todos os homens de Israel que estavam capaz de lidar com uma espada. David estava olhando para a força humana para a garantia em vez de ao Senhor, que sempre tinha sido o seu libertador. Quando ele percebeu que ele tinha feito uma coisa muito tola, ele confessou o seu pecado e pediu a Deus para perdoá-lo.

> *Deus estava muito descontente com o censo, e ele puniu Israel para ele.* [8] *Então David disse a Deus: "Pequei gravemente, tendo este censo. Por favor, perdoe a minha culpa por ter feito esta coisa tola." Então eu o Senhor falou a Gade, o vidente de Davi. Esta foi a mensagem:* [10] *"Vai e dize a Davi: Assim diz o SENHOR diz: Vou dar-lhe três opções. Escolha uma destas punições, e eu vou infligir-lo em você.'"* [11] *E Gade veio a Davi e disse: "Estas são as escolhas que o SENHOR lhe deu.* [12] *Você pode escolher três anos de fome, três meses de destruição pela espada de seus inimigos, ou três dias de praga grave como o anjo do SENHOR traz devastação por toda a terra de Israel. Decidir que resposta eu deveria dar o SENHOR que me enviou."* [13] *"Eu estou em uma situação desesperada!" David respondeu a Gade. "Mas deixe-me cair nas mãos do SENHOR, Porque sua misericórdia é muito grande. Não me deixe cair nas mãos dos homens ."* [14] *Assim, o SENHOR enviou uma praga sobre Israel, e <u>70.000 pessoas morreram</u> como resultado.* [15] *E Deus enviou um anjo para destruir Jerusalém. Mas, assim como o anjo estava se preparando para a destruir, o SENHOR cedeu e disse ao anjo da morte, "Pare! É suficiente!"* - 1 Crônicas 21:7-15

Será que Deus está chamando Seu povo para sair da igreja Católica Romana?

Em vez de levar pessoas a um relacionamento com o Deus vivo, a Igreja Católica Romana levou incontáveis bilhões de almas em um relacionamento com uma instituição gananciosos e corruptos que tem enganado com, doutrinas não-bíblicas feitas pelo homem.

O livro de Apocalipse contém uma grande quantidade de imagens que é difícil de entender. No entanto, eu apresentar a você que, quando as pistas dadas no Capítulo 7 deste livro são colocados juntos, não pode haver pouca dúvida de que a grande prostituta falado é a Igreja Católica Romana. Mas você terá que decidir por si mesmo.

> *Então ouvi outra voz chamando do céu ", Venha longe dela, meu povo. Não tome parte nos seus pecados, ou você será punido com ela.[5] Porque os seus pecados se acumularam tão alto quanto o céu, e Deus se lembra de suas más obras. - Ap 18:4-5*

Há muitos temente a Deus, Deus homens e mulheres na Igreja Católica amoroso. Eles têm procurado Deus na Bíblia e encontrou-o. Eles têm uma relação pessoal com o seu criador e redentor. Eles reconhecem muitas das falhas da Igreja, mas pode nunca ter pensado seriamente em deixá-la. Alguns até tentaram reformá-la a partir de dentro, com sucesso muito limitado.

Capítulo 7

Sinais das profecias do fim dos tempos

Em sua sabedoria, Deus escolheu para nos dar pistas sobre a identidade da Grande Prostituta descrito em Apocalipse capítulos 17 e 18. Cabe a nós para colocar as pistas em conjunto para ver a quem eles apontam. Aqui está uma rápida recapitulação desses indícios.

1. Ela governa a partir de uma cidade com sete colinas conhecidas como Babilônia
2. Ela governa missas mais de pessoas de todas as nações e línguas
3. Os reis da terra cometeram adultério com ela
4. O sangue do povo de Deus está em suas mãos
5. Suas extravagâncias fizeram os comerciantes do mundo rico
6. Música e as vozes das noivas e noivos felizes nunca vai ser ouvido em seu novamente.

Ela governa de uma cidade com sete montes

"Isto exige uma mente com compreensão: As sete cabeças da besta representam as sete colinas onde as regras mulher. Eles também representam sete reis." - Apocalipse 17:9

A cidade de Roma sempre foi conhecida como a cidade das sete

colinas. Na verdade, as notas de rodapé para Apocalipse 17 na
Bíblia New American e da Bíblia de Jerusalém, que são as duas
traduções católicos, dizer que as sete colinas são as sete colinas de
Roma.

Cidade do Vaticano é um país soberano independente situado no
coração de Roma, a cidade capital da Itália.

Dentro da Cidade do Vaticano é Basílica de São Pedro, a maior
igreja do mundo, a Capela Sistina, Museu do Vaticano, no Palácio
Apostólico, que é a residência do Papa, o Palácio do Governador e
da Biblioteca do Vaticano, entre outros edifícios. O Vaticano está
sob a autoridade absoluta do papa da Igreja Católica Romana.

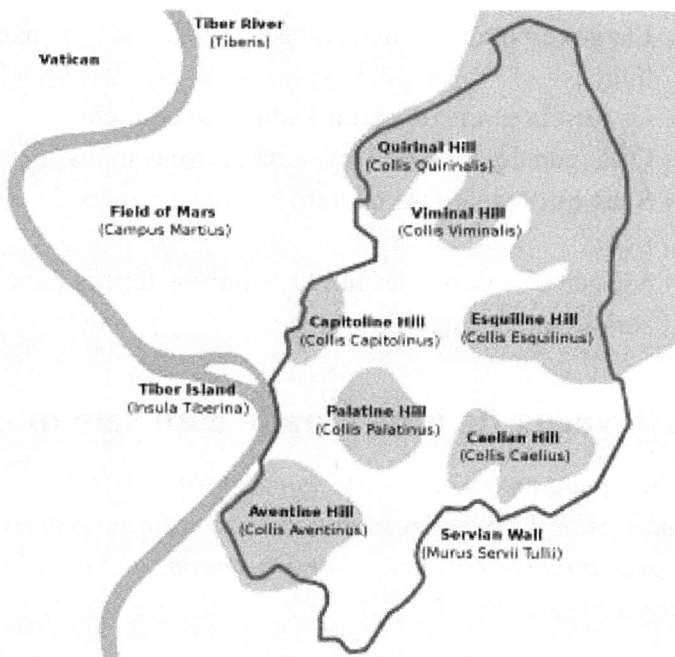

As sete colinas de Roma

Enganado - Será Deus chamando Seu povo para sair dos rituais vãos e desfrutar de um relacionamento pessoal com Ele?

Na época, o livro do Apocalipse foi escrito, os primeiros cristãos foram perseguidos por Roma, que foi historicamente conhecida como a "cidade das sete colinas."

Os estados Enciclopédia Católica:
"É dentro da cidade de Roma, chamado a cidade das sete colinas, que toda a área de Estado do Vaticano adequada está agora confinado."

Ela governa as missas de todas as nações e línguas

Então o anjo me disse: "As águas onde a prostituta está governando representam missas de pessoas de todas as nações e línguas. - Apocalipse 17:15

Associação mundial estimada da Igreja Católica é sobre 1,2 bilhão de pessoas...cerca de um sexto da população mundial.

Se você tiver acesso a um computador, você pode querer fazer uma pesquisa em um ou mais dos seguintes:

Igreja Católica Romana na Argélia
Igreja Católica na Albânia
Igreja Católica Romana em Andorra
Igreja Católica em Angola
Igreja Católica Romana na Argentina
Igreja Católica Romana na Armênia
Igreja Católica Romana na Austrália
Igreja Católica Romana na Áustria
Igreja Católica Romana em Bangladesh
Igreja Católica Romana em Brunei
Igreja Católica Romana em Bahamas
Igreja Católica Romana na Bélgica
Igreja Católica Romana em Belize
Igreja Católica Romana na Bolívia
Igreja Católica Romana na Bósnia e Herzegovina
Igreja Católica Romana no Brasil
Igreja Católica Romana na Bulgária
Igreja Católica Romana na Birmânia
Igreja Católica Romana no Canadá
Igreja Católica no Chile
Igreja Católica na China
Igreja Católica Romana na Colômbia
Igreja Católica na Costa Rica
Igreja Católica Romana na Croácia
Igreja Católica Romana em Cuba
Igreja Católica Romana na República Checa
Igreja Católica Romana em Costa do Marfim
Igreja Católica Romana na Dinamarca
Igreja Católica Romana na Dominica
Igreja Católica Romana na República Dominicana
Igreja Católica Romana no Equador

Igreja Católica Romana no Egito
Igreja Católica em El Salvador
Igreja Católica Romana Guiné Equatorial na
Igreja Católica Romana na Estónia
Igreja Católica Romana na Etiópia
Igreja Católica Romana em Fiji
Igreja Católica Romana na Finlândia
Igreja Católica Romana na França
Igreja Católica Romana Guiana Francesa
Igreja Católica Romana em Gana
Igreja Católica Romana na Guatemala
Igreja Católica Romana na Gambia
Igreja Católica Romana na Alemanha
Igreja Católica Romana na Guiana
Igreja Católica Romana no Haiti
Igreja Católica Romana em Honduras
Igreja Católica Romana em Hong Kong
Igreja Católica Romana na Hungria
Igreja Católica Romana na Islândia
Igreja Católica Romana na Índia
Igreja Católica Romana na Indonésia
Igreja Católica Romana no Iraque
Igreja Romana Católica na Irlanda
Igreja Católica Romana em Israel
Igreja Católica Romana na Itália Roman
Igreja Católica na Jamaica
Igreja Católica Romana no Japão
Igreja Católica Romana no Quênia
Igreja Católica Romana na Coréia
Igreja Católica Romana no Líbano
Igreja Católica Romana na Letónia
Igreja Católica Romana na Lituânia
Igreja Católica Romana no Luxemburgo
Igreja Católica Romana nas Maurícias
Igreja Católica Romana em Macau
Igreja Católica Romana em Madagascar
Igreja Católica Romana na Malásia
Igreja Católica Romana no México
Igreja Católica Romana na Namíbia
Igreja Católica Romana na Coréia do Norte

Enganado - Será Deus chamando Seu povo para sair dos rituais vãos e desfrutar de um relacionamento pessoal com Ele?

Igreja Católica Romana na Holanda
Igreja Católica Romana nas Antilhas Holandesas
Igreja Católica Romana na Nova Zelândia
Igreja Católica Romana na Nicarágua
Igreja Católica Romana na Nigéria
Igreja Católica Romana na Noruega
Igreja Católica Romana na Papua Nova Guiné
Igreja Católica no Paquistão
Igreja Católica Romana em Palau
Igreja Católica Romana no Panamá
Igreja Católica Romana no Paraguai
Igreja Católica Romana no Peru
Igreja Católica Romana nas Filipinas
Igreja Católica Romana na Polônia
Igreja Romana Católica em Portugal
Igreja Católica Romana em Puerto Rico
Igreja Católica na Rússia
Igreja Católica na África do Sul
Igreja Católica no Sri Lanka
Igreja Católica Romana nas Ilhas Salomão
Igreja Católica Romana na Coreia do Sul
Igreja Católica Romana em Santa Lúcia
Igreja Católica Romana na Escócia
Igreja Católica Romana na Sérvia
Igreja Católica Romana em Serra Leoa
Igreja Católica Romana em Cingapura
Igreja Católica Romana na Eslovénia
Igreja Católica Romana na Espanha
Igreja Católica Romana na Suécia
Igreja Católica Romana em São Tomé e Príncipe
Igreja Católica Romana em Taiwan
Igreja Católica Romana na Tailândia
Igreja Católica Romana em Tonga
Igreja Católica Romana em Trinidad e Tobago
Igreja Católica Romana em Uganda
Igreja Católica Romana Reino Unido
Igreja Católica Romana Estados Unidos
Igreja Católica Romana no Uruguai
Igreja Católica Romana Vanuatu
Igreja Católica Romana Venezuela

Enganado - Será Deus chamando Seu povo para sair dos rituais vãos e desfrutar de um relacionamento pessoal com Ele?

Igreja Católica Romana no Vietnã
Igreja Católica Romana no Iêmen
Igreja Católica Romana na Zâmbia,
Igreja Católica Romana em Zimbabwe

A mulher é uma Cidade

E esta mulher que você viu em sua visão representa a grande cidade que reina sobre os reis do mundo." - Apocalipse 17:18

Os reis do mundo cometeram adultério com ela

Porque todas as nações têm caído por causa do vinho da sua imoralidade apaixonado. Os reis do mundo cometeram adultério com ela. Por causa de seus desejos de luxo extravagante, os comerciantes do mundo enriqueceram." - Apocalipse 18:3

A Igreja Católica Romana tem sido sempre preocupado com dinheiro e poder. Seus papas ter orquestrado relações imorais mas economicamente benéficos com muitos dos reis e governantes do mundo.

Uma longa fila de papas reivindicaram o domínio sobre todo o mundo cristão e exigiu obediência e o pagamento de impostos à Igreja.

Enganado - Será Deus chamando Seu povo para sair dos rituais vãos e desfrutar de um relacionamento pessoal com Ele?

Em seu livro, A Mulher Montada na Besta © 1994, a profecia pesquisador Dave Hunt aponta que a Bíblia é claramente falando sobre adultério espiritual, não o tipo físico.

"A fornicação e adultério são usados na Bíblia, tanto no físico e no sentido espiritual. De Jerusalém Deus disse: "Como é a cidade fiel se tornar uma prostituta!" (Is 1:21). Israel, a quem Deus havia separado de todos os outros povos para ser santo para os Seus propósitos, tinha entrado em profanas, alianças adúlteras com o ídolo adorando nações sobre ela. Não há nenhuma maneira que uma cidade poderia se envolver em literal fornicação, carnal. Assim, só podemos concluir que João, como os profetas do Antigo Testamento, está usando o termo no seu sentido espiritual. A cidade, portanto, deve reivindicar uma relação espiritual com Deus. Caso contrário, tal alegação não teria sentido."

Dave Hunt continua a dizer sobre mulherengo política mundial da Igreja Católica:

"Papa Alexandre VI (1492-1503) afirmou que todas as terras desconhecidas pertencia ao Romano Pontífice, para que ele elimine o que quisesse, em nome de Cristo como seu vigário. D. João II de Portugal estava convencido de que, em sua Bula Romanus Pontifex o papa concedeu tudo o que Colombo descobriu exclusivamente para ele e seu país. Fernando e Isabel de Espanha, no entanto, achava que o papa havia dado as mesmas terras a eles. Em maio 1493 o espanhol nascido Alexander VI emitiu três touros para resolver o diferendo.

Em nome de Cristo, que não tinha lugar nesta terra que Ele chamou a sua própria, este papa Borgia incrivelmente mal, alegando possuir o mundo, desenhou uma linha norte-sul para baixo o mapa global daquele dia, dando tudo no leste a Portugal e no oeste a Espanha. Assim, por concessão papal, "fora da plenitude do poder apostólico," a África foi para Portugal e nas Américas para a Espanha. Quando Portugal "conseguiu chegar à Índia e Malásia, que garantiu a confirmação dessas descobertas do papado ..." Houve uma condição, é claro: "com a intenção de trazer os habitantes...a professar a fé católica." Foi em grande parte Central e América do Sul que, como consequência dessa aliança profana entre Igreja e Estado, teve o catolicismo romano imposta pela espada e permanecer católicos para este dia. América do Norte (com exceção de Quebec e Louisiana) foi poupada a predominância do catolicismo romano porque foi resolvido em grande parte pelos protestantes. Nem os descendentes dos astecas, incas e maias esquecidos que os padres católicos romanos, apoiados pela espada secular, deu seus antepassados a escolha de conversão (que muitas vezes significava a escravidão) ou morte. Eles fizeram tal um clamor quando João Paulo II em uma recente visita à América Latina propôs elevar Junípero Serra (um grande executor do século XVIII do catolicismo entre os e Mayas esquecido que padres católicos, apoiados pela espada secular, deu seus antepassados a escolha de conversão (que a escravidão significou frequentemente) ou morte. Eles fizeram tal um clamor quando João Paulo II em uma recente visita à América Latina propôs elevar Junípero Serra (um grande executor do século XVIII do catolicismo entre os e Mayas esquecido que padres católicos, apoiados pela espada secular, deu seus antepassados a escolha de conversão (que a escravidão significou frequentemente) ou morte. Eles fizeram tal um clamor quando João Paulo II em uma recente visita à América Latina propôs elevar Junípero Serra (um grande executor do século XVIII do catolicismo entre os Índios) para a santidade que o papa foi forçado a realizar a cerimônia em segredo."

Um exército de 200 guarda o Vaticano

A cidade com sete montes é também conhecida como Babilônia, a Grande

Eles vão ficar a uma distância, aterrorizado por seu grande tormento. Eles vão gritar: "Que terrível, como é terrível para você, ó Babilônia, você grande cidade! Em um único momento o julgamento de Deus veio sobre você." - Apocalipse 18:10

Quando o livro do Apocalipse foi escrito, um outro nome para Roma foi "Babilônia." São Pedro, em sua primeira de três letras, escreve:

Sua igreja irmã aqui em Babilônia vos saúda, e assim faz o meu filho Marcos. - 1 Pedro 5:13

Pedro é amplamente acredita ter sido escrita de Roma.

Praça de São Pedro no Vaticano

Mesmo apologista católico Karl Keating, em seu livro Catolicismo e Fundamentalismo: O Ataque em "Romanismo, admite que Roma tem sido conhecido como Babilônia. Ele escreve:

"Babilônia é uma palavra código para Roma. Ele é usado dessa maneira seis vezes no último livro da Bíblia [quatro dos seis estão em capítulos 17 e 18 ..." Além disso, "Eusébio Pamphilius, escrevendo sobre 303, observou que" é dito que a primeira epístola de Pedro...foi composta na própria Roma, e que ele mesmo indica que este, referindo-se a cidade em sentido figurado como Babilônia."

Isso não pode ser uma referência à antiga Babilônia por isso não sente-se sobre sete colinas.

Existem vários estudos históricos que suportam a identificação de Roma como sendo "a grande Babilônia" - cf. Bauckham (1993); Collins (1980); Friesen (1993); Giesen (1996); Kraybill (1996); Biguzzi (1998).

O sangue do povo de Deus está em Suas Mãos

Fazer com ela como ela tem feito para os outros. Dobrar sua pena por todos os seus maus atos. Ela preparou uma xícara de terror para os outros, por isso preparar o dobro para ela. - Apocalipse 18:6

Em suas ruas corria o sangue dos profetas e do povo santo de Deus e o sangue de pessoas abatidas em todo o mundo. - Apocalipse 18:24

Houve várias inquisições da Igreja Católica. Coletivamente, eles podem ser chamados de "A Inquisição." Vamos abordar brevemente os três mais proeminente. A primeira foi a Inquisição medieval, que começou no sul da França em 1184 e não terminou oficialmente até 1960. Muito separado foi o infame Inquisição espanhola, que começou em 1478 e terminou em 1834. Em seguida, houve a Inquisição romana que começou em 1542 e continuou até meados de 1800. As várias inquisições durou um período de cerca de um milênio.

As inquisições eram tribunais judiciais composta principalmente de clérigos da Igreja Católica Romana. Sua carga era localizar, tente e frases pessoas que a Igreja acredita ser culpado de heresia. O objetivo das inquisições era assegurar e manter a unidade religiosa e doutrinária na Igreja Católica Romana e em todo o Império Romano através da conversão, tortura ou execução de supostos hereges.

Nestes inquisições, um grande número de pessoas foram torturadas e / ou assassinados pela Igreja Católica. Alguns daqueles encontrados para ser "hereges" foram mulheres acusadas de serem bruxas, muçulmanos, Cavaleiros Templários, os críticos da Igreja e muitos cristãos não católicos que não iria desistir de sua fé na salvação através de Jesus Cristo somente e jurar a sua fidelidade à Igreja Católica. Eles não cederia a suas heresias ou confessar o que eles não acreditaram.

Ela nunca será conhecido quantas pessoas morreram por suas crenças nas mãos da Igreja Católica...queimados na fogueira, torturado até a morte, ou simplesmente deixado para morrer de desnutrição ou doença em, úmidas, prisões escuras frias. Se o número está na casa das centenas de milhares ou dezenas de milhões, como alguns especulam, podemos estar razoavelmente certo de que a Igreja Católica com o seu grande poder e riqueza envolvido as pessoas mais talentosas de reescrever a história e higienizar registros históricos, sempre que possível.

Seja qual for o número de pessoas mortas, muitas vezes mais pessoas foram torturadas até a submissão. Deus viu tudo e não esquece!

The Santa Rota Romana, o tribunal judicial da Igreja Católica

A Inquisição medieval foi devido em parte à crescente corrupção moral do clero na Igreja Católica. Seitas levantou-se para desafiar aceitação de subornos da Igreja aprovar casamentos de outra forma ilegais, e a posse de extrema riqueza pelo clero, entre outras coisas. O principal foco da Inquisição era erradicar essas seitas. Alguns inquisidores enriqueceram confiscando propriedade dos "hereges", outros pela venda de absolvições. Em 1252, o Papa Inocêncio IV emitiu uma bula papal que autoriza o uso da tortura pelos

113

inquisidores.

O brutal Inquisição espanhola direcionada principalmente Judeus que professavam ser da fé católica, mas se recusou a desistir de certas práticas religiosas judaicas. Eles eram conhecidos como cripto-Judeus.

A Inquisição romana foi responsável por processar indivíduos acusados de um vasto leque de "crimes" relacionados com a heresia, a feitiçaria, a imoralidade, a blasfêmia e bruxaria. Tal como acontece com a Inquisição espanhola, cripto-Judeus foram novamente um alvo favorito.

Enganado - Será Deus chamando Seu povo para sair dos rituais vãos e desfrutar de um relacionamento pessoal com Ele?

Uma mulher que está sendo queimado na fogueira

Suas extravagâncias deixaram os comerciantes do mundo ricos

A mulher usava roupas roxo e escarlate e belas joias feitas de ouro e pedras preciosas e pérolas. Na mão ela segurava uma taça de ouro... - Apocalipse 17:4

Por causa de seus desejos de luxo extravagante, os comerciantes do mundo enriqueceram. - Revelação *18:3*

Os comerciantes do mundo vão chorar e chorar por ela, pois não há ninguém para comprar seus produtos. Ela comprou grandes quantidades de ouro, prata, joias e pérolas; de linho fino, de púrpura, seda e pano escarlate; coisas feitas de madeira perfumada odorífera, produtos de marfim, e objetos feitos de madeira cara; e bronze, ferro e mármore. Ela também compraram canela, especiarias, incenso, mirra, incenso, vinho, azeite, flor de farinha, trigo, gado, ovelhas, cavalos, carros, e corpos - ou seja, escravos humanos. - Apocalipse 18: 11-13

A seguir, trechos dos bilhões do Vaticano por Avro Manhattan, publicado em 1983 (itálico):

"Tesouro de ouro maciço do Vaticano foi estimado pela Revista Mundial das Nações Unidas para ascender a vários bilhões de dólares. Um grande volume desta é armazenado em lingotes de ouro com os EUA Federal Reserve Bank, enquanto os bancos na Inglaterra e Suíça segurar o resto. Mas esta é apenas uma pequena parte da riqueza do Vaticano, que os EUA sozinhos, é

maior do que a dos cinco mais ricas corporações gigantes do país.

Quando a que é adicionado todo o imobiliário, a propriedade, ações e ações no exterior, então o acúmulo de escalonamento da riqueza da Igreja Católica torna-se tão formidável quanto a desafiar qualquer avaliação racional."

"A Igreja Católica é o maior proprietário de poder financeiro, acumulador de riqueza e propriedade em existência. Ela é uma maior possuidor de riquezas materiais do que qualquer outra única instituição, corporação, banco, confiança gigante, governo ou do Estado em todo o globo."

Não há nenhuma maneira razoável de avaliar a real condição financeira da Igreja Católica Romana. Suas finanças são excepcionalmente complexos que abrangem muitos países. Há mais contas bancárias do que qualquer pessoa conhece. O valor de seus investimentos imobiliários em todo o mundo, incluindo catedrais, basílicas e igrejas desafia cálculo. Há aproximadamente 3.200 catedrais e 2.200 basílicas, além de paróquias e abadia igrejas.

Se você já teve a oportunidade de visitar alguns dos magníficas catedrais católicas de todo o mundo, você provavelmente foram surpreendidos com a sua grandeza e opulência, os belos mármores importados, tapeçarias e adornos de ouro caros. O museu do Vaticano detém uma vasta colecção de obras de arte de valor inestimável, esculturas e joias.

Rituais, espetacularidade e paramentos de escrita dispendiosos

Considere a seguinte descrição da coroação do Papa Gregório IX (1227-1241):
"No dia de sua coroação ele passou a São Pedro, acompanhado por vários prelados, e assumiu o pálio acordo com o costume; e

depois de ter dito missa marchou até o palácio de Latrão, coberto com ouro e joias. Na segunda-feira, tendo dito missa junto de São Pedro, ele voltou vestindo duas coroas, montado num cavalo ricamente ajaezados, e rodeado por cardeais vestido de púrpura, e numeroso clero. As ruas foram espalhados com tapeçaria, incrustada com ouro e prata, os mais nobres produções do Egito, e as cores mais brilhantes da Índia, e perfumado com vários odores aromáticas"(George Waddington, A História da Igreja desde os primeiros séculos para a Reforma , 1834, p. 335).

A música e as alegres vozes das noivas e dos noivos nunca mais serão ouvidas nela

O som de harpas, cantores, flautas e trombetas nunca vai ser ouvido em você novamente. Não artesãos e há comércios nunca vai ser encontrado em você de novo. O som do moinho nunca vai ser ouvido em você novamente. 23A luz de uma lâmpada nunca vai brilhar em você novamente. As vozes das noivas e noivos felizes nunca vai ser ouvido em você novamente. Para que sua mercadores eram o maior no mundo, e você enganado as nações com suas artes mágicas. - Apocalipse 18:22-23

Capítulo 8

Deus decretou sua destruição

Um evento violento e repentino

A Grande Prostituta será destruído por liderar almas desviar, para matar os santos de Deus, e trazendo vergonha sobre o seu santo nome!

> *Ela se glorificou e viveu no luxo, então combiná-lo agora com tormento e tristeza. Ela ostentava em seu coração: "Eu sou rainha no meu trono. Eu não sou viúva desamparada, e eu não tenho nenhuma razão para lamentar "Portanto estas pragas irá alcançá-la em um único dia. - A morte e o pranto, e a fome. Ela será totalmente consumido pelo fogo, porque o Senhor Deus que a julga é poderoso. - Apocalipse 18:7-8*

A Bíblia fala de uma súbita, evento violento, ou eventos, que vão destruir a grande prostituta. Isso poderia significar a destruição da Cidade do Vaticano ou toda a cidade de Roma, com a posterior morte do catolicismo. Ou pode significar algo mais cataclísmico. Ameaçadoramente, tudo o que Deus tem reservado para a Igreja, ele quer que seu povo sair dela para que eles não vão compartilhar sua punição. Eu não sei o que isso significa, mas eu iria levá-la muito a sério!

> *A besta escarlate e seus dez chifres todos odeiam a prostituta. Eles vão despida, comer sua carne, e a queimarão permanece com fogo. Porque Deus tem*

120

posto um plano em suas mentes, um plano que irá realizar seus propósitos. - Apocalipse 17:16-17

E os reis do mundo, que cometeu adultério com ela e gostava de sua grande luxo vai chorar por ela como eles vêem a fumaça de seus restos carbonizados. Eles vão ficar a uma distância, aterrorizado por seu grande tormento. Apocalipse 18: 9-10

Os comerciantes que se tornaram ricos com a venda de sua essas coisas vão ficar a uma distância, aterrorizado por seu grande tormento. Eles vão chorar e gritar: "Que terrível, como é terrível para a grande cidade! Ela estava vestida de melhores lençóis púrpura e escarlate, enfeitada com ouro e pedras preciosas e pérolas! Em um único momento toda a riqueza da cidade é ido "- Apocalipse 18: 15-17

E todos os capitães dos navios mercantes e dos seus passageiros e marinheiros e tripulantes vai ficar a uma distância. Eles vão gritar como eles vêem a subir fumaça, e eles vão dizer: "Onde há outra cidade tão grande como este?" E eles vão chorar e jogue pó sobre as suas cabeças para mostrar a sua tristeza. E eles vão gritar ", Que terrível, como é terrível para a grande cidade! Os armadores ficou rico por transportar sua grande riqueza nos mares. Em um único momento em que tudo se foi "- Apocalipse 18:17-19.

Alegra-te sobre seu destino, ó céu e povo de Deus e

apóstolos e profetas! Para finalmente Deus a julga por amor de vós. - Apocalipse 18:20

Então, um anjo forte levantou uma pedra do tamanho de uma grande pedra de moinho. Ele lançou-a no oceano e gritou: "Assim como esta, a grande cidade Babilônia será lançada para baixo com violência e nunca mais será achada. - Apocalipse 18:21

Uma vista aérea do Vaticano, o menor país do mundo

A Bíblia diz que as pessoas vão ficar na descrença em suas ruínas fumegantes, possivelmente muito como todos nós ficou na descrença na frente de nossos televisores assistindo o colapso Torres Gêmeas em 11 de setembro, 2001

Uma celebração no Céu

Depois disso, eu ouvi o que soou como uma grande multidão no céu, gritando: "Louvado seja o Senhor! A salvação e a glória e o poder pertencem ao nosso Deus. Seus julgamentos são verdadeiros e justos. Ele tem castigado a grande prostituta, que havia corrompido a terra com a sua prostituição. Ele vingou o assassinato de seus servos "E mais uma vez suas vozes ecoou:." Louvado seja o Senhor! A fumaça daquela cidade sobe para todo o sempre "- Apocalipse 19:1-3

Que Deus te abençoe ricamente à medida que cresce no conhecimento Dele e de Sua vontade para sua vida. Deus nos diz que se O buscarmos de todo o coração, nós O encontraremos ... junto com a paz, a alegria e a vida eterna que Ele traz consigo. Se você estiver interessado em participar de um grupo de estudos bíblicos, um que ouvi muitas coisas boas é o *Bible Study Fellowship*, também conhecido como BSF. Para saber mais sobre aulas em sua região, acesse www.bsfinternational.org - Ken March, ir para www.bsfinternational.org - Ken March

www.ingramcontent.com/pod-product-compliance
Lightning Source LLC
Chambersburg PA
CBHW060114050426
42448CB00010B/1858